Funções sociais da cidade:
conteúdo jurídico

Georges Louis Hage Humbert

- Advogado;
- Professor titular do Centro Universitário Jorge Amado;
- Doutor e mestre em direito pela Pontifícia Universidade Católica de São Paulo;
- Membro Efetivo do Instituto dos Advogados Brasileiros – IAB;
- Professor convidado da pós-graduação da Universidade Federal da Bahia, da Universidade Salvador, da Universidade Católica de Salvador, da Universidade Federal da Bahia (Fundação Faculdade de Direito), da Faculdade de Direito de Vitória (ES) e da PUC-SP (COGEAE). E-mail: georges@humbert.com.br

Prefácio de
Prof. Dr. Márcio Cammarosano

Funções sociais da cidade:
conteúdo jurídico

Salvador, Bahia, Brasil
2015

H919	Humbert, Georges Louis Hage Funções sociais da cidade: conteúdo jurídico / Georges Louis Hage Humbert; prefácio de Márcio Cammarosano. – Salvador: Ed. Dois de Julho, 2015. 161p. Inclui bibliografia ISBN: 978-85-65057-25-7 1. Direito – Brasil. 2. Direito administrativo. 3. Jurisprudência – Brasil. 4. Administração municipal. 5. Cidades. 6. Direito Urbanístico. I. Cammarosano, Marcio. II.Título. CDD: 342.8106

A Mirela, por ser toda a forma do amor.

*A Maria Tereza, prova de que o amor é infinito,
incondicional, eterno e de várias vidas.*

"Que falta nesta cidade? Verdade
Que mais por sua desonra? Honra
Falta mais que se lhe ponha... Vergonha.
O demo a viver se exponha,
Por mais que a fama a exalta,
numa cidade, onde falta
Verdade, Honra, Vergonha."

(Gregório de Matos, Epílogos)

Agradecimentos

Já poetizou Gertrude Stein que "o agradecimento silencioso não serve muito a ninguém." Mesmo porque, com o vate baiano Raul Seixas, "sonho que se sonha só, é só um sonho que se sonha só, mas sonho que se sonha junto é realidade".

Assim, mesmo assumindo o risco de emudecer quanto aos muitos a quem devo agradecer, não posso, diante deste sonho que se concretiza, deixar de revelar a minha gratidão àqueles que tornaram possível mais essa conquista.

A toda a minha família. Aos meus pais, Georges e Tereza, que sempre me abraçam carinhosamente em todas as minhas jornadas. A Dídia, irmã amada e amiga incondicional. A Mirela, alma gêmea.

Aos mestres. Ao Professor Doutor Márcio Cammarosano, mais que um orientador, um amigo e um exemplo a ser seguido. Aos Professores Doutores Fernando Dias Menezes de Almeida (Titular da USP), Toshio Mukai (Doutor USP – sem vínculo) Ricardo Marcondes Martins (PUC-SP), Nelson Saule Júnior (PUC-SP), cujos apontamentos na banca examinadora da tese foram indispensáveis ao ajustamento deste trabalho.

A todos que participam, compartilham e alegram os dias de minha vida. Aos amigos, colegas de profissão, sócios e alunos.

A Helena Magalhães Humbert que, limitada pela urgência, revisou o texto com o carinho e acuidade que lhe são peculiares.

Finalmente, mas não em último lugar, a Deus, ao mestre Jesus, ao meu anjo protetor e aos bons espíritos que iluminam a minha vida.

Prefácio

*Prof. Dr. Márcio Cammarosano**

Prefaciar um livro é sempre um privilégio proporcionado pelo autor da obra. Mas prefaciar um livro de alguém que, ainda muito jovem, alia talento, seriedade acadêmica e proficiência, como ocorre com o Doutor Georges Louis Hage Humbert, mais do que um privilegio, é uma honra.

O autor em questão, que bem conheço – trabalhou em meu escritório de advocacia e foi meu orientando na Faculdade de Direito da Pontifícia Universidade Católica de São Paulo –, obteve, com largos méritos, titulações acadêmicas de expressão.

O livro de Georges Humbert que tenho em mãos, e que corresponde à sua tese de doutorado, tem como título **Funções sociais da cidade**. Trata-se, pois, de produção cientifica na área do Direito Urbanístico, que a cada dia que passa adquire maior relevância exatamente em face do fenômeno crescente e irreversível da urbanização, de adensamento populacional vertiginoso, com desafios de toda ordem, especialmente no campo social.

A matéria, das mais relevantes, é plena de dificuldades que, todavia, Georges Humbert enfrenta de forma clara e segura.

As conclusões a final elencadas pelo autor, sob perspectiva positivista, mas sem olvidar contribuições mais recentes da filosofia e da teoria geral do Direito que com aquela perspectiva, em rigor, não conflitam, prima pela precisão conceitual.

Digno de registro é o esforço bem sucedido do Autor quanto à explicitação do conteúdo jurídico das funções sociais da cidade, desvendando horizontes mais largos do que os decorrentes da Carta de Atenas.

Mais não é preciso dizer para recomendar a todos os que têm o Direito Urbanístico como objeto de estudo e instrumento de trabalho que procedam à leitura atenta do livro ora prefaciado, contribuição marcante para as letras jurídicas brasileiras.

(*)   Mestre e Doutor em Direito do Estado (PUC/SP). Professor do curso de Bacharelado e dos cursos de Pós-Graduação da PUC/SP, em Direito Administrativo e Urbanístico.

Sumário

Capítulo IV
Alcance jurídico de funções sociais da cidade............................ 95

Capítulo I

Delimitação do objeto e metodo de investigação do conteúdo jurídico de funções sociais da cidade

A presente obra é resultado de tese de que foi produzida na esfera do programa de Estudos Pós-graduados em Direito da Pontifícia Universidade Católica de São Paulo, tendo por linha de pesquisa "Efetividade do Direito Público e Limitações da Atividade Estatal", realizada no âmbito do Núcleo de Pesquisa em Direito Urbanístico, e como tema o "Conteúdo jurídico de funções sociais da cidade".

Com efeito, o levantamento bibliográfico, de marcos de referenciais jurisprudenciais e a checagem dos diversos atos normativos constitucionais e infraconstitucionais, gerais e individuais, produzidos no Brasil, revelam um controverso e rarefeito tratamento conferido às denominadas "funções sociais da cidade" pelos operadores – cientistas, produtores, intérpretes e aplicadores – do direito. Vale registrar que há mesmo quem sustente ausência de caráter jurídico ou obtenha o seu significado em parâmetros e normas técnicas advindas de outras ciências. Do exposto, sobreleva-se a necessidade de se identificar o conteúdo jurídico da referida expressão, a ser extraído do ordenamento jurídico brasileiro vigente.

Ademais, tal desiderato se faz relevante, pois a concretização e efetividade das atividades públicas de ordenamento das áreas urbanas e garantia do bem estar dos seus habitantes pressupõe pleno desenvolvimento das "funções sociais da cidade", enquanto objeto da política urbana disciplinada a partir do artigo 182 da Constituição da República Federativa do Brasil em vigor e em normas infraconstitucionais, a exemplo da Lei Federal 10.257/01, autodenominada Estatuto da Cidade.

Portanto, a solução para problemática que envolve o objeto proposto passa pela necessidade da descrição científica, a partir de método pré-estabelecido, cujo resultado é passível de confirmação e falseamento, da identificação ou negação do conteúdo prescritivo da mencionada disposição, sobretudo quanto a sua natureza, o seu sentido e alcance, por imperioso à consecução de direitos públicos e individuais ínsitos a política urbana.

A presente tese visa produção do conhecimento jurídico, tendo por objeto o conjunto de normas jurídicas válidas no ordenamento jurídico brasileiro, valendo-se, como método, da análise das relações internormativas de formação e desenvolvimento, consubstanciando-se a partir duma teoria geral do direito.[1] Sujeita, não é repetitivo frisar, a objeto e método pré-determinados, a saber, o conjunto de normas jurídicas postas no ordenamento brasileiro em vigor, analisadas em suas sistemáticas relações de validade.

Isto não significa, ao contrário do quanto sustentado por outrem, que os resultados obtidos – e até mesmo a forma científica eleita   sejam a melhor descrição possível desta realidade[2], nem se constituem em verdades

---

1. Ainda nas linhas iniciais da multicidada obra, Kelsen leciona que "São temas de uma teoria geral do Direito as normas jurídicas, os seus elementos, a sua inter-relação, a ordem jurídica como um todo, a relação entre as diferentes ordens jurídicas, e, finalmente, a unidade do Direito na pluralidade das ordens jurídicas positivas. " E segue, explicitando que "Como o objetivo desta teoria geral do Direito é capacitar o jurista interessa numa ordem jurídica particular, o advogado, o juiz, o legislador ou o professor de Direito a compreender e a descrever de modo tão exato quanto possível o seu próprio Direito, tal teoria tem de extrair os seus conceitos exclusivamente do conteúdo de normas jurídicas positivas." E segue, "Ela não deve ser influenciada pelas motivações de autoridades legisladoras ou pelos desejos e interesses de indivíduos no tocante à formação do Direito ao qual eles estão sujeitos, exceto na medida em que essas motivações e intenções, esses desejos e interesses, sejam revelados no material produzido pelo processo legislativo." Ao final, arremata: "O que não pode ser encontrado no conteúdo de normas jurídicas positivas não pode fazer parte de um conceito jurídico. A teoria geral [...] está voltada antes para uma análise estrutural do Direito positivo que para uma explicação psicológica ou econômica das suas condições ou uma avaliação moral ou política dos seus fins. [...] Quando essa doutrina é chamada "teoria pura do direito", pretende-se dizer com isso que ela está sendo conservada livre de elementos estranhos ao modo específico de uma ciência cujo único propósito é a cognição do Direito e, não, a sua formação. Uma ciência que precisa descrever seu objeto tal como ele efetivamente é e, não, prescrever como ele deveria ser do ponto de vista de alguns julgamentos de valor específicos. Este último é um problema de política e, como tal, diz respeito à arte do governo, uma atividade voltada para valores, não um objeto da ciência, voltada para a realidade. " KELSEN, Hans. *Teoria do Direito e do Estado*. São Paulo: Martins Fontes, 1995. p. 1 e 2.

2. Em prefácio a uma de suas obras referenciais, Maria Helena Diniz chama a atenção que "Ante o grande número de concepções epistemológico-jurídicas que pretendem explicar a ciência do direito, cada qual sob um prisma diverso, concluímos que não se deve aceitar rótulo doutrinário que a circunscreva dentro de certo sectarismo, uma vez que o jurista contemporâneo tem necessidade de acolher todas as contribuições teóricas, para nelas identificar as diretrizes comuns e essenciais, mediante um trabalho de reflexão e comparação, pois todas as concepções surgidas na história da ciência jurídica, por mais hostis que sejam, trazem sua parcela para o patrimônio geral do conhecimento científico-jurídico. Evitamos o monopólio de uma teoria, visto que os problemas epistemológicos não mais se resolvem por uma especulação abstrata ou por um mergulho no pensamento puro, por ser impossível compreender, em todo o seu alcance científico-filosófico, a ciência do direito sem o recurso a todas as noções

absolutas. Muito menos que estejam insuscetíveis a questionamentos e ao exame de falseabilidade[3].

Precisamente o contrário, exatamente conquanto revele as suas premissas epistemológicas, credencia-se a contribuir para a obtenção dos melhores resultados e mesmo à crítica e à contradição. Esta é a razão de ser da própria distinção entre as diversas formas de pensamento, os variados objetos de estudos, métodos e técnicas utilizáveis.

Por isso mesmo, ao cientista, notadamente o do direito, impõe-se aclarar, no seu mister, as premissas científicas e, se for o caso, filosóficas, que alicerçam as assertivas que se propõe a construir. Neste sentido, sobrelevam-se a sinergia e a distinção entre as ciências entre si, assim como destas face à filosofia.[4]

---

fundamentais contidas nas teorias clássicas e modernas. Todavia, reconhecendo que há pontos discutíveis e opiniões prováveis, confessamos que certas posições tomadas pelo nosso espírito advieram de princípios filosóficos assentados como base, por nos parecerem mais expressivos para configurarem a ciência do direito e os conceitos jurídicos fundamentais." DINIZ, Maria Helena. *Compêndio de introdução a ciência do direito.* São Paulo: Saraiva, 2005, p. 14.

3. Aqui referido no sentido proposto por Karl Popper. De efeito, apesar de sua matriz teórica para a lógica da pesquisa científica ser crítica à positivista, não se crê que a mesma seja, em absoluto, incompatível à forma de pensar o direito a partir do positivismo jurídico. Isto porque, mesmo para um trabalho científico de bases positivistas do direito, como este, que não se pode olvidar que "está longe de ser óbvio, de um ponto de vista lógico, haver justificativa no inferir enunciados universais de enunciados singulares, independentemente de quão numerosos sejam estes; com efeito, qualquer conclusão colhida desse modo sempre pode revelar-se falsa". POPPER, Karl. *A lógica da pesquisa científica.* São Paulo: Citrix, 2007, p. 27-28. A intenção de fixar logo no capítulo inaugural as premissas que norteiam o estudo revela a intenção de permitir que o mesmo seja suscetível a teste pelos seus interlocutores, e não apresentar verdades absolutas. Ora, segundo o próprio Popper "Os velhos positivistas só desejavam admitir como científicos ou legítimos os conceitos (ou noções, ou idéias) que, como diziam, 'derivassem da experiência'". Op. cit. p. 35. Esta não é a prática ora desenvolvida, mas sim elaborar uma teoria e pô-las a prova, sujeito à crítica e corroboração.

4. Sintetiza-se o quanto ora sustentado a partir de dois pressupostos apontados por Miguel Reale ao tratar da sinergia entre filosofia e ciência como condicionante para a evolução do conhecimento: que o critério de valor é imprescindível para ordenar as explicações parciais do real e que os resultados mesmos são suscetíveis de dúvidas. Nestes termos, assevera Reale: "A Filosofia, para ser fiel às conquistas do saber científico, deve ser, antes de mais nada, uma crítica da própria ciência, das condições de sua certeza. Se pretendemos integrar em unidade as diferentes formas de conhecimento, essa integração pressupõe critérios de apreciação e de estimativa, e, mais precisamente, uma indagação sobre a validez universal das ciências e de seus pressupostos lógicos. Donde se deve concluir que a especulação filosófica é sempre de natureza crítica, visando a atingir o valor essencial sobre aquilo que se enuncia sobre os homens e as coisas, e dos atos. Assim sendo, implica, segundo certo prisma, uma consideração de natureza axiológica, o que quer dizer,

Como visto, diversas críticas à teoria jus-positivista, notadamente àquela pensada por Kelsen, se concentram no dado segundo o qual a mesma retira do direito outras realidades senão a normativa, seja no que tange à atividade do cientista do direito, seja naquela inerente à sua operação pelos seus operadores – notadamente a interpretes autênticos, na terminologia kelseniana.

Contudo, não é a partir desta premissa que deve ser vislumbrada a doutrina positivista ora em debate. Isto porque, em rigor, a mesma não se ocupou de isolar o direito de outros fenômenos sociais, mas apenas de analisá-lo sob o aspecto científico, especialmente no que se refere às peculiaridades que conformam a existência de relevantes notas distintivas do seu conhecimento a ensejar uma disciplina específica, a exigir a demarcação do seu objeto[5] e método[6] próprios.

Isto não significa que o direito não se relacione com outros fatos ou valores, nem mesmo que estes e a ciência do direito não interfiram nas mutações e evolução do direito em si, mas que a atividade do cientista do direito e de concreção são as normas jurídicas válidas que integram o sistema que delimitarão estas ações, sob pena de incidência dum sincretismo metodológico a tornar este conhecimento irracional e sua aplicação imprecisa.

Noutras palavras: o cientista não deve inferir significações do seu objeto de estudo baseadas em elementos exteriores ao sistema que este integra e o operador, de igual modo, não deve exercer a sua atividade a partir de conteúdos estranhos à norma posta validamente.[7]

E é a exata compreensão da distinção entre o direito – que para Kelsen não é norma, mas sim um fenômeno social que se consubstancia, se revele como ordem prescritiva (coação e sanção) de conduta humana –, a ciência jurídica e a sua concreção (hermenêutica, interpretação e aplicação) que confere a possibilidade de manutenção do equilíbrio do ordenamento

---

uma teoria do valor, a começar pelo problema da validade do conhecimento em geral. " REALE, Miguel. *Filosofia do Direito.* São Paulo: Saraiva, 2000.

5. Este objeto é a norma jurídica, cujas peculiaridades serão analisadas no próximo capítulo.

6. Que pressupõe a análise descritiva, hipotético-dedutiva, das relações normativas.

7. Diversas passagens da Teoria Pura do Direito comprovam essa assertiva. Por todas, cite-se que, conforme ensinamento de Kelsen, "o direito se constitui primordialmente como um sistema de normas coativas permeado por uma lógica interna de validade que legitima, a partir de uma norma fundamental, todas as outras normas que lhe integram." KELSEN. *Teoria pura do direito,* p. 76.

jurídico (sistema) e do alcance de sua finalidade última: a estabilização das relações e a pacificação social.[8]

Conseguintemente, não se acredita que o conhecimento baseado numa teoria positivista[9] seja capaz de impedir a busca de resultados aptos à solução dos problemas propostos – a identificação do conteúdo jurídico de funções sociais da cidade. Ao contrário: entende-se que, no mínimo, é dever de toda atividade descritiva e prescritiva do direito a revelação prévia da forma de abordagem – seja ela positivista ou não, como um dever do cientista e do aplicador do direito – como indispensável pressuposto para que a informação transmitida seja apta à intelecção e contestação pelos seus destinatários.

Por fim, registra-se, em definitivo: a presente tese se propõe ciência dogmática[10] do direito, enquadrando-se na forma positivista de conhecer

---

8.   Amaral descortina que "é preciso encarar ainda que, as normas legais existem independentemente de ser aplicadas pelo juiz. Elas são observadas pelos indivíduos a que se dirigem e aplicadas pelos agentes administrativos e negócios jurídicos, respectivamente (...)". Em seguida, sinaliza: "Ressalte-se que o juiz – assim como o agente administrativo – não atua como cientista ou técnico do Direito. Ele faz política jurídica. Ele não descreve normas, nem simplesmente as aplica. Ele cria novas normas, em um processo de concretização do Direito". AMARAL, Antônio Carlos Cintra do. Validade e Invalidade do Ato Administrativo. Revista Diálogo Jurídico, Salvador, CAJ – Centro de Atualização Jurídica, v. I, nº. 8, novembro, 2001. Disponível em: <http://www.direitopublico.com.br/pdf_8/ DIALOGO-JURIDICO-08-NOVEMBRO-2001-ANTONIO-CARLOS-CINTRA-AMARAL.pdf>. Acesso em: 10 de março de 2013, p. 5.

9.   Aqui vale o alerta de Riccardo Guaxinim segundo a qual existem três versões do positivismo jurídico. A primeira denomina de científico, cujo cerne é uma aproximação do estudo do direito a partir duma abordagem científica. Este, por sua vez, subdivide-se em positivismo científico Norm ativista, ao mesmo tempo uma teoria do direito – direito é conjunto de normas – e da ciência jurídica – atividade de conhecimento das normas, numa atividade descritiva, cujo objeto exclusivo são as normas jurídicas de direito positivo, e realista, o qual pressupõe que o direito é um conjunto de comportamentos, sendo a ciência jurídica uma ciência que, como qualquer outra ciência social, versa sobre comportamentos. Por fim, esclarece que há uma outra espécie de positivismo jurídico: o legalismo ou formalismo, que não se constitui nem em teoria do direito, nem em ciência jurídica, mas antes uma teoria da moral cujo dogma é a existência de uma obrigação moral de obedecer o direito existente, sendo certo que, de igual modo ao jusnaturalismo, esta corrente do positivismo trilha que o direito é um sistema de normas obrigatórias ou vinculantes. A despeito das ressalvas que se infere das linhas traçadas alhures, diante da proposta de Guastini, pode-se, a título de esclarecimento dogmático metodológico final, classificar a presente pesquisa no âmbito do positivismo jurídico científico normativista, constituindo-se, em parte, numa teoria geral do direito, em parte em ciência jurídica. GUASTINI, Riccardo. *Das fontes às normas*. São Paulo: Quartier Latin, 2005, p. 352-354.

10.   Dogmática esta em que se acentua as preocupações metodológicas, sobretudo que, ao contrário do que tentam fazer crer outras escolas do pensamento jurídico e da filosofia

o direito, partindo dos pressupostos de que tem como o objeto as normas jurídicas e respectivo ordenamento, bem como que a exata descrição pressupõe a análise das relações sistemáticas de validade, razões pelas quais é sobre o Direito vigente no Brasil que se lança esta investigação, vidando, repisa-se, obter respostas para o problema proposto, isto é, assoalhar o conteúdo jurídico das denominadas "funções sociais da cidade".

Diante deste quadro, o presente trabalho tem por finalidade a construção duma teoria que permita desvelar se há e quais as possíveis repercussões da expressão "funções sociais da cidade" no ordenamento jurídico brasileiro e àqueles que a este se sujeitam, mediante o exame sistemático das relações normativas a estas relacionadas e os comandos deontológicos eventualmente pertinentes.

Para tanto, o escrito se divide em três capítulos. O inaugural contém uma abordagem preliminar acerca das premissas fundamentais eleitas como necessárias ao escorreito conhecimento do tema, fixando-se, de logo o critério metodológico, a forma de abordagem, enfim, os pressupostos científicos que permitem o enquadramento da pesquisa no âmbito da ciência, no caso, da ciência do direito ou, como remotamente denominada, jurisprudência.

Em seguida, fincadas estas bases, busca-se identificar a natureza das "funções sociais da cidade", a possibilidade de classificá-la enquanto instituto jurídico e, dentro destes, qual a sua espécie, visando sua precisa definição, mediante a busca da sua essência e a partir da sua classificação, através de posicionamento comparativo com outros institutos do gênero e apresentação dos caracteres que lhes seja peculiar. Por decorrência, enfrenta-se no segundo capítulo questões afetas à norma jurídica, sua estrutura e suas classes, passando por uma necessária análise crítica das diversas teorias que discorrem acerca da categorização destas temáticas.

Ultrapassadas as questões elementares pontuadas nos capítulos que lhes antecedem, o terceiro contempla a investigação em torno do sentido e das "funções sociais da cidade", a partir das possíveis conotações extraíveis destes termos, consoante postos no ordenamento.

---

do direito, não olvida que em outros dados, que não só na norma jurídica, prescritiva, repousa o direito, mas que enquanto Ciência do Direito, tem nesta e suas relações o seu objeto a ser apreendido. A propósito, sob a evolução histórica e uma visão crítica do tema FERRAZ JÚNIOR, Tércio Sampaio. *Função social da dogmática jurídica*. São Paulo: RT, 1980, p. 19-79, especialmente p. 75. Confira-se ainda PIRES, Luis Manuel Fonseca e MARTINS, Ricardo Marcondes. *Um diálogo sobre a justiça*: a justiça arquetípica e a justiça deôntica. Belo Horizonte: Fórum, 2012, especialmente p. 48-49, 151-152 e 246-247.

Em fecho, como parte da descoberta do possível conteúdo jurídico das "funções sociais da cidade" no sistema jurídico brasileiro, o quarto capítulo destina-se à pesquisa do alcance do multimencionado vocábulo, cuidando--se de apontar em que se consubstancia, isto é, pelo que efetivamente se constitui, as possíveis consequências e sujeições que deste derivam e quais os seus destinatários, especialmente a partir da análise dos dispositivos constitucionais afetos ao tema da tese.

Finalmente, serão apresentadas, de forma sintéticas e sistematizadas, as conclusões inferidas do quanto estudado.

Capítulo II

Natureza de funções sociais da cidade

1. RELEVÂNCIA DA IDENTIFICAÇÃO DA NATUREZA DO OBJETO PESQUISADO

Foi estabelecido por ocasião do introito que esta tese tem por objetivo último desvelar o conteúdo jurídico das denominadas "funções sociais da cidade". Para cumprir este propósito, impõe-se, inicialmente, a comprovação de que se trata de um instituto jurídico, o que, por sua vez, exige a sua identificação dentro das diversas categorias jurisprudenciais[11].

Com efeito, numa investigação que se propõe científica, o conhecimento da natureza de um instituto se faz importante por se tratar de um ponto de partida à adequada compreensão do tema, permitindo que as conclusões apresentadas sejam passíveis de contestação e suscetíveis ao falseamento, sem os quais resta prejudicado, ao menos em alguma medida, a observação acadêmica.

Segundo Maurício Godinho Delgado[12], a pesquisa acerca da natureza de um determinado fenômeno supõe a sua precisa definição (busca da essência) seguida de sua classificação (busca de posicionamento comparativo). Consiste em apreender os elementos fundamentais que integrem sua composição específica, contrapondo-os, em seguida, ao conjunto mais próximo de objetos similares, de modo a classificar o instituto enfocado no universo de tantos outros elementos já existentes.

Apresentar a natureza do objeto pesquisado, como se pretende ao longo deste capítulo inaugurar, nada mais é do que definir, comparar, identificar a sua essência, classificando-o e relacionando-o a um gênero próximo, isto é, no universo de outros fenômenos homeomorfos.

---

11. Termo aqui utilizado no sentido de Ciência do Direito.

12.. DELGADO, Maurício Godinho. *Introdução ao direito do trabalho*. São Paulo: LTR, 2001, p. 100.

Neste contexto, definir a natureza jurídica[13] de um instituto, sobre o qual o cientista do direito se debruça, nada mais é do que o conhecer, a um só tempo, as suas qualidades, características, a sua razão de ser e, fundamentalmente, a classe que integra, permitindo, desta forma, estabelecer – ao menos com rigor metodológico e não aleatoriamente – o motivo pelo qual existe num determinado ordenamento jurídico, uma vez que este ato cognoscitivo autoriza a fixação de seus elementos constitutivos e de seu alcance na ordem jurídica.

Maria Helena Diniz bem sintetiza a natureza jurídica como "afinidade que um instituto tem em diversos pontos, com uma grande categoria jurídica, podendo nela ser incluído o título de classificação. "[14]

Noutros termos: ao se apresentar, preambularmente, a natureza jurídica de determinado elemento, precisa-se os seus contornos e a sua substância, pena de comprometer o seu perfeito entendimento e suas decorrências no universo jurídico.

Entretanto, não se pode apresentar a natureza de determinado objeto, elemento jurídico, sem antes revelar quais os pressupostos científicos que embasam o conhecimento da matéria pesquisada. Tratando-se de trabalho científico, conforme anunciado, à definição da natureza do objeto eleito, dos problemas e hipóteses propostos, pressupõe delimitar o âmbito do estudo, os métodos e técnicas empregadas. Daí porque, ao se definir natureza de funções sociais da cidade, ocupar-se-á, de início, dos meios pelos quais a matéria será tangenciada.[15]

---

13.   A definição da natureza de determinado instituto jurídico é serviçal, já que, com Silva, "...assinala, notadamente, a essência, a substância ou a compleição das coisas" SILVA, De Plácido e. *Vocabulário Jurídico*, vol. III. Rio de Janeiro: Forense, 1997, p. 230

14.   DINIZ, M.H. *Curso de Direito Civil Brasileiro:* Teoria Geral do Direito Civil. 21. ed. São Paulo: Saraiva, 2004, p. 39. Também em verbete de DINIZ, Maria Helena. *Dicionário jurídico.* São Paulo: Saraiva, vol. 3, 1998, p. 337.

15.   Como esclarece Carrió, "Las discusiones sobre supuestas naturalezas jurídicas, en cuanto los contendores no se hacen claramente cargo de lo que están buscando, ni de la verdadera causa de su desacuerdo, son, a la vez, estériles e insolubles. El despilfarro de esfuerzos origina, en este caso, lo siguiente; se piensa que cada vez que un conjunto de reglas se presenta con una determinada unidad que lo hace acreedor a una designación unificadora, esa designación es el nombre de una entidad sui géneris, poseedora de alguna característica propiedad central (su naturaleza jurídica) de la que derivan, como quien dice en forma genética, todas las reglas del sector en cuestión, y también otras que, si bien no están contenidas expresamente en él, son engendradas, al igual de las primeras, por la fecunda idea central o naturaleza jurídica." CARRIÓ. *Notas sobre derecho y lenguaje*, p. 144. Complementar a essa lição, a assertiva de SANTIAGO NINO, aclarando que "La forma de conciliar estas consideraciones consiste, según creo, en admitir que

Além disso, não se pode olvidar que os conceitos jurídicos, em geral, "não são mais que termos relacionadores de normas, pontos de aglutinação de efeitos de direito. Não passam, então, de sistematizações, de classificações." Daí porque, "o trabalho do jurista consiste em conhecer a disciplina aplicável às diversas situações. Ora, o procedimento lógico requerido para organizar tal conhecimento e torná-lo produtivo, eficiente, supõe a identificação das situações aparentadas entre si quanto ao regime a que se submetem."[16]

Por isso,

> *La forma de conciliar estas consideraciones consiste, según creo, en admitir que hay un proceso de ajustes mutuos entre la elucidación conceptual y la elaboración de la teoría en cuyo marco opera el concepto: se comienza con una caracterización provisoria de la noción en cuestión tomando en cuenta rasgos que se supone a priori teóricamente relevantes. Ello permite articular una teoría sustantiva que requiere la identificación de los fenómenos o situaciones denotados por tal noción. La articulación de la teoría hace posible, a su vez, perfilar mejor el concepto en cuestión, tal vez incluyendo en su designación propiedades teóricamente relevantes que habían pasado inadvertidas al comienzo del proceso o excluyendo rasgos que no son teóricamente significativos.[17]*

É dizer, esquadrinhar a natureza jurídica de um instituto do direito é elaborar e definir o enquadramento deste instituto em uma das suas categorias gerais, desde que previamente vislumbrada a matéria de que se compõe a própria coisa estudada, ou que lhe é inerente, congênita, a sua compleição, as quais se revelam pelos seus próprios requisitos ou atributos específicos que lhes são inerentes, mas que, em alguma medida, o aproxima de outros objetos.[18]

---

hay un proceso de ajustes mutuos entre la elucidación conceptual y la elaboración de la teoría en cuyo marco opera el concepto: se comienza con una caracterización provisoria de la noción en cuestión tomando en cuenta rasgos que se supone a priori teóricamente relevantes. Ello permite articular una teoría sustantiva que requiere la identificación de los fenómenos o situaciones denotados por tal noción. La articulación de la teoría hace posible, a su vez, perfilar mejor el concepto en cuestión, tal vez incluyendo en su designación propiedades teóricamente relevantes que habían pasado inadvertidas al comienzo del proceso o excluyendo rasgos que no son teóricamente significativos". SANTIAGO NINO, Carlos. *Ética y derechos humanos:* un ensayo de fundamentación. 2. Buenos Aires: Ástrea: 1989. p. 13.

16. BANDEIRA DE MELLO, Celso Antônio. *Ato administrativo e direito dos administrados,* Editora Revista dos Tribunais, 1981, pág. 2-3.
17. SANTIAGO NINO, Carlos. *Ética y derechos humanos*: un ensayo de fundamentación. Buenos Aires: Astrea, 1989, p. 13.
18. SILVA, Plácido. *Vocabulário Jurídico*. Rio de Janeiro: Forense, 2004. Vol. 3, p. 55.

Segue-se que a compreensão e a definição da natureza jurídica de qualquer instituto jurídico impõem, de plano, situá-lo no próprio ordenamento positivo e, a partir de então, construir suas diretrizes de formação e esclarecer seu alcance no ordenamento jurídico. Isto requer especializá-lo em face dos demais institutos análogos.

A partir desta noção será factível verificar o conteúdo de funções sociais da cidade e sua função no ordenamento jurídico brasileiro. Desta forma, o conteúdo de funções sociais da cidade será extraído das normas jurídicas válidas no ordenamento jurídico brasileiro posto.

Sendo assim, a escorreita compreensão da multimencionada matéria passa pela preliminar definição do gênero próximo no qual se insere, ou seja, o da norma jurídica, bem como de suas categorias e estrutura. Somente balizadas estas premissas, com a consequente afirmação da natureza[19] das "funções sociais da cidade", será possível vislumbrar adequada e claramente o regime jurídico no qual estas se inserem.

2. FUNÇÕES SOCIAIS DA CIDADE É NORMA JURÍDICA

Consoantemente revelado alhures, o direito assume posições que, a um só tempo, situam-no como ciência e objeto de outras ciências. Pode ser compreendido, em sentido mais amplo, como um fenômeno social, ínsito às relações humanas, posição que lhe insere nas investigações das ciências humanas e mesmo da filosofia.

Mas guarda particularidades que o elevam à categoria de ciência, com objeto e método próprios, o que, enquanto marcos teóricos, não permitem – ao contrário, esclarecem – o sincretismo entre a atividade de descrever e de operar – interpretar e aplicar – as normas jurídicas – estas elementos fundamentais que compõem o direito.

Esclarece Kelsen[20] que

> [...] na afirmação evidente de que o objeto da ciência jurídica é o Direito, está contida a afirmação – menos evidente – de que são as normas jurídicas o objeto da ciência jurídica, e a conduta humana só o é na medida em que é determinada nas normas jurídicas como

---

19. Não é excessivo consignar e reiterar, conforme já pré-estabelecendo no capítulo inaugural e ante ao corte epistemológico e a metodologia propostas, a sua natureza deve ser identificada dentro do contexto jurídico, de rigor fazê-lo a partir do objeto essencial e especial: a norma jurídica.

20. KELSEN. *Teoria pura do direito*, p. 50.

pressuposto ou consequência, ou – por outras palavras – na medida em que constitui conteúdo de normas jurídicas.

Daí porque, após aclarar as diversas facetas ínsitas ao conhecimento jurídico, imperioso se debruçar sobre aquilo que acomoda sua nota característica, a saber, a norma jurídica, sua composição e suas relações, imprescindíveis ao conhecimento e operação jurídica.

Explica Lourival Vilanova[21]:

> Examinando-se os textos onde a teoria pura do direito tem feito a distinção entre norma jurídica (Rechatnorm) e proposição jurídica (Rechatssatz), vê-se que se estriba nos seguintes pontos: I – a norma jurídica provém do fato do costume, ou do ato de legislador (em sentido amplo); a proposição jurídica procede do ato cognoscente, da Ciência do Direito; II – o modo-de-referência (semântico) da norma jurídica é prescritivo de possíveis fatos de um universo-de-fatos; o modo-de-referência das proposições jurídicas é o descritivo de fatos; III – conseqüentemente os valores de normas diferem dos valores de proposições: umas, válidas ou não-válidas; outras, verdadeiras ou falsas.

Miguel Reale[22], bem sinaliza a inequívoca importância da norma, ao mencionar que:

> Onde quer que haja um fenômeno jurídico, há, sempre e necessariamente, um fato subjacente (fato econômico, geográfico, demográfico, de ordem técnica, etc); um valor, que confere determinada significação a esse fato, inclinando ou determinando a ação dos homens no sentido de atingir ou preservar certa finalidade ou objetivo ; e, finalmente, uma regra ou norma, que representa a relação ou medida que integra um daqueles elementos ao outro, o fato ao valor

Verdadeiro imperativo-autorizante. Este é o conceito de norma jurídica[23] adotado, entre outros, por Maria Helena Diniz. Ao tratar do tema, após destacar estar-se diante de um problema de essência, clareia:

---

21. VILANOVA, Lourival. *Norma Jurídica:* Proposição Jurídica. VI Vol. São Paulo: Revista de Direito Público, RT, p. 12.

22. REALE, Miguel. *Lições Preliminares de Direito*. São Paulo, Saraiva, 1998, p. 65.

23. O conceito de norma jurídica não é uníssono. Muito já se divagou sobre o tema, sem que se alcançasse um único conceito aceito por todos, sem restrições. Este pensamento é alvo de severas objeções. A principal delas consiste na argumentação de que no sistema jurídico haveria normas que o jurista reconhece como jurídicas e que, não obstante, não têm sanção. Isto porque, conquanto as normas jurídicas sejam coercivas, nem por isso são necessariamente coativas. Explicita Tércio Sampaio Ferraz, em sua introdução ao estudo do direito: "A coercibilidade seria uma característica que diz

A norma jurídica traça, objetivamente, as fronteiras entre o lícito e o ilícito jurídico. Ela não encerra a coação ou a coatividade como essências, mas as autoriza e condiciona. Só com o autorizamento da norma jurídica fica o lesado autorizado a coagir o violador da norma a cumpri-la ou a reparar o mal por ele produzido.

Continua pontificando que:

[...] deixando de lado os elementos acidentais, atingem-se suas notas essenciais: a imperatividade e o autorizamento. O elemento 'imperativo' revela seu gênero próximo, incluindo-a no grupo das normas éticas que regem a conduta humana, diferenciando-as das leis físico-naturais, e o 'autorizante' indica sua diferença específica, distinguindo-se das demais normas, pois só a jurídica tem este caráter.

Ao final, exorta:

A norma jurídica é imperativa porque prescreve as condutas devidas e os comportamentos proibidos e, por outro lado, é autorizante, uma vez que permite ao lesado pela sua violação exigir o cumprimento, a reparação do dano causado ou ainda a reposição das coisas ao estado anterior. Por conseguinte, a norma jurídica se define, como ensina Goffredo Telles Jr., 'imperativo-autorizante'. Conceito este que é, realmente, essencial, pois constitui a síntese dos elementos necessários que fixam a essência da norma jurídica. Esta, sem qualquer um destes elementos eidéticos, afigura-se incompreensível. Deveras uma norma jurídica que careça do autorizamento será uma norma moral, e sem a nota da imperatividade, apenas uma lei física.[24]

---

respeito à suscetibilidade de aplicação da coação. Ora, isso nem sempre ocorre – há normas, por exemplo, de direito internacional que não são coercivas naquele sentido – o que nos faz pensar que não há relação automática entre coercibilidade e sanção castigo. A coercibilidade tem antes a ver com a relação de autoridade institucionalizada. Por todas estas razões, a dogmática analítica contemporânea tende a excluir a sanção como elemento necessário da norma. Depois de discutir se, assim como a sanção, também seriam elementos caracterizadores da norma a sua generalidade, seu caráter abstrato e a bilateralidade, o citado autor conclui que "...podemos dizer que a dogmática analítica capta a norma jurídica como um imperativo despsicologizado. Para evitar confusões com a idéia de comando, melhor seria falar em um diretivo vinculante, coercitivo, no sentido de institucionalizado, bilateral, que estatui uma hipótese normativa (*facti species*) à qual imputa uma conseqüência jurídica (que pode ser ou não uma sanção), e que funciona como critério para tomada de decisão (decidibilidade) " FERRAZ JÚNIOR, Tércio Sampaio. *Introdução ao Estudo do Direito*. São Paulo: Editora Atlas, 2000, p. 49, 120-122. Já Eros Grau a conceitua como sendo "... o preceito abstrato, genérico e inovador – tendente a regular o comportamento social de sujeitos associados – que se integra no ordenamento jurídico." GRAU, Eros Roberto. A *Ordem Econômica na Constituição de 1988*. São Paulo. Malheiros, 2005.

24. DINIZ. *Conceito de norma jurídica como problema de essência*, p. 134.

Nos termos didáticos de Paulo de Barros Carvalho[25], norma jurídica

> [...] é o sentido de um ato através do qual uma conduta é prescrita, permitida ou, especialmente, facultada, no sentido de adjudicada à competência de alguém. Neste ponto importa salientar que a norma, como o sentido específico de um ato intencional dirigido à conduta de outrem, é qualquer coisa de diferente do ato de vontade cujo sentido ela constitui. Na verdade, a norma é um dever-ser e o ato de vontade de que ela constitui o sentido é um ser. [...] A primeira parte refere-se a um ser, o ser fático do ato de vontade; a segunda parte refere-se a um dever-ser, a uma norma como sentido do ato. [...] ninguém pode negar que o enunciado: tal coisa é – ou seja, o enunciado através do qual descrevemos um ser fático – se distingue essencialmente do enunciado: algo deve ser –com o qual descrevemos uma norma.

Assim se compendia, com apoio nos citados ensinamentos, notadamente em Maria Helena Diniz[26], os caracteres que permitem identificar as normas jurídicas através de critérios que norteiam a sua diferenciação, sintetizados a partir das seguintes qualidades: imperatividade, autorizamento, hierarquia, natureza de suas disposições, aplicação concreta, quanto ao poder de autonomia legislativa e sistematização.

Evidencia-se, desta forma, a norma jurídica, enquanto ato de ordenação da conduta humana, devidamente produzido na forma prevista pela norma base, isto é, pela autoridade competente, caracterizada, em sua essência, pela imperatividade ou prescritibilidade, isto é, coativa e sancionadora, notas estas distintivas do substrato das demais normas de conduta social.[27]

Normas jurídicas estas estruturadas em relações conjugadas, também já foi dito, cuja existência e operação pressupõem inequívoca concatenação,

25. CARVALHO, Paulo de Barros. *Curso de Direito Tributário*. São Paulo: Saraiva, 2004, p. 8.
26. DINIZ, Maria Helena. *Compêndio de introdução à ciência do direito*. São Paulo: Saraiva, 1991, p. 345-352.
27. Isto é, segundo o ordenamento jurídico posto, não sendo verificado o comportamento prescrito na norma jurídica, deverá ser aplicada a sanção prevista, em geral uma disgra aplicada mesmo contra a vontade do destinatário, isto é, de forma coativa, porque compulsoriamente e, se for necessário, com o emprego da força. A norma jurídica é particular dado essa relação entre sanção e coação, donde se extrai a sua imperatividade, a noção de prescrição, de dever jurídico. Nas próprias missivas de Kelsen, "o Direito impõe uma conduta determinada somente por ligar à conduta contrária um ato de coação como sanção, de modo que uma certa conduta somente depois de juridicamente `imposta` pode ser considerada como conteúdo de um `dever jurídico`, quando o oposto é a condição à qual uma norma liga uma sanção" KELSEN, Hans. *Teoria Geral das Normas*. Porto Alegre: Sérgio Fabris, 1986, p. 182.

razão pela qual deve ser concebida a partir da noção de sistema. Neste sentido, relevante a concepção de ordenamento jurídico, a partir da exata compreensão do direito como um sistema de normas, com repercussão para o conhecimento e a operação dos elementos que compõem esta estrutura.

O termo sistema tem múltiplos significados. Incluem-se nestes os de "combinação de partes coordenadas para um mesmo resultado, ou de maneira a formar um conjunto", "conjunto de elementos relacionados entre si de modo coerente", "conjunto organizado de princípios coordenados de modo a formar um todo científico ou um corpo de doutrina" e "conjunto de procedimentos, de práticas organizadas, destinadas a assegurar uma função definida".[28]

Entende-se, com Bobbio[29], que sistema para o direito é duma totalidade ordenada, um conjunto de entes, de partes entre as quais existe ordenamento, uma concatenação, isto é, conjunto de normas em que "não estejam somente em relacionamento com o todo, mas que exista coerência entre si. Pensar o direito como sistema é fornecer critérios de pertinência das normas que compõem a ordem jurídica, já que o que define um conjunto como sistema são as relações entre seus membros, ou seja, a estrutura do conjunto, pelo estabelecimento de sua pertinência ao sistema. "

Mais uma vez, com Lourival Vilanova, pontua-se que

> O direito positivo, sempre historicamente individualizado pelo substrato social a que responde, como contrapartida normativa, tem estruturas de diversos tipos. Em conjunto, é uma estrutura social, inseparável o suporte factual e a capa normativa, pois não há fato social sem normatividade. É um sistema social, e dentro do sistema global que é a sociedade, cumpre a função de um subsistema ou sistema-parte desse todo.[30]

Ainda na acolhida lição do citado autor

> Entre as estruturas, há aquelas que residem no fato de o direito ser um produto objetivo da cultura, fixado num sistema de linguagem. E na linguagem encontramos, pondo de parte as estruturas meramente gramaticais, as estruturas lógicas ou formais. Assim, o direito positivo se não é, tende a ser um sistema. Não é mero agregado de proposições

---

28.   Grande Dicionário Larousse Cultural da Língua Portuguesa. São Paulo: Nova Cultural, 1999, p. 832.

29.   BOBBIO, Norberto. *Teoria do ordenamento jurídico.* Brasília: Editora Universidade de Brasília. 6ª ed. 1995. p. 21.

30.   VILANOVA. *As estruturas lógicas e o sistema de direito positivo,* p. 86-87.

normativas, simples justaposição de preceitos, caótico feixe de normas. A própria finalidade que tem de ordenar racionalmente a conduta humana sujeita-o às exigências da racionalidade, de que a lógica é a expressão mais depurada. É da ordem da práxis, sem deixar de pertencer à razão prática.[31]

Por isso, baseado nesta preleção, assume-se que o direito estrutura-se como ordenamento jurídico, assim compreendido como um sistema, verdadeiro conjunto de normas jurídicas, onde "o ser-sistema é a forma lógica mais abrangente. As partes são as proposições. Onde há sistema há relações e elementos, que se articulam segundo as leis...".[32]

Assim sendo, o Direito para além de fenômeno histórico-cultural, de realidade ordenada, é ordenação normativa da conduta segundo uma conexão de sentido.[33]

Neste diapasão a norma jurídica assume lugar proeminente, seja enquanto objeto da ciência do direito, conquanto parte integrante do sistema jurídico e como ato incidente sob as condutas, as relações humanas, inclusive sob aquelas pertinentes à sua operação, aqui consideradas como produzidas pelos intérpretes e pelos aplicadores da norma.

Portanto, a solução para o problema investigado – a delimitação do conteúdo jurídico de funções sociais da cidade – parte do pressuposto de que se estar diante de um dado normativo jurídico que, por sua vez, integra o sistema normativo brasileiro, situando-se no plano não apenas de uma norma jurídica, a ser conhecida isoladamente, mas sim como parte de um conjunto de normas interrelacionadas e cujo conhecimento em sua inteireza é requisito para a investigação do seu conteúdo jurídico e consequente delimitação do seu sentido e alcance.

Diante do exposto, conclui-se: função social da cidade é norma jurídica posta no ordenamento jurídico brasileiro constitucional e infraconstitucional, a teor do art. 182 da Constituição, da Lei Federal 10.257/01 (Estatuto da Cidade) e demais dispositivos sistemática, vertical e horizontalmente relacionados a estes, dotada de força normativa, prescritiva, qualificada pelo atributo sanção-coação, sendo, noutras palavras, verdadeiro imperativo-autorizante.

---

31.   Idem.
32.   Ibidem.
33.   SILVA. *Curso de direito constitucional positivo*, p. 33. Também, neste sentido, VILANOVA. As estruturas lógicas e o sistema de direito positivo, p. 223.

3. FUNÇÃO SOCIAL DA CIDADE É PRINCÍPIO JURÍDICO CONSTITUCIONAL DE EFICÁCIA PLENA E APLICABILIDADE IMEDIATA

Para se aferir o conteúdo jurídico de funções sociais da cidade, elegeu-se o método positivista kelseniano, mediante assunção da abordagem enquanto atividade descritiva e cujo objeto são as normas jurídicas válidas no ordenamento brasileiro.

A partir daí, reforçou-se a relevância de se demonstrar a natureza das referidas funções, com dúplice finalidade: a de atestar que efetivamente se trata de norma jurídica, dotada dos seus caracteres e elementos essenciais, e de, dentro desta categoria, qual a sua casta, a sua classe.

Fixada essa premissa, estabeleceu-se que, para a intelecção do conteúdo normativo de um dado ordenamento jurídico, deve o estudioso do direito se debruçar sobre o conjunto de normas vigentes no plexo social sob análise, permitindo-se construção descritiva das suas proposições metodologicamente aptas.

Nesta análise, constata-se, aqui, que não basta tão somente qualificar as funções sociais da cidade como norma jurídica posta no ordenamento *juspositivo* brasileiro para alcançar o melhor resultado, ou uma resposta científica ótima ao tema proposto. Isto porque, apesar de dotadas de caracteres comuns, existem formas de expressão que implicam em certas classes especiais dentro do gênero norma jurídica. Isto porque, enquanto ordem de conduta humana, portanto na condição de fenômeno humano e, a um só tempo, delimitador, condicionador da vida em sociedade, a norma jurídica acaba por absorver a própria complexidade ínsita a tudo aquilo relacionadas às relações humanas e, por conseguinte, precisa ter variações representativas que permitam a inserção desta complexidade ao seu bojo, para que possa cumprir o seu mister.

É claro que não se pode desconhecer a corriqueira lição de que *"os problemas da Dogmática não se resolvem pela taxonomia"*[34] ou aquela que consagra não serem "as definições ou classificações verdadeiras ou falsas, mas úteis ou inúteis" na medida em que sirvam ou não à consecução do fim a que se propõem[35]. Ocorre que, esta distinção taxonômica, apesar de não

---

34. ALVIM, Agostinho. *Estudos e Pareceres de Direito Tributário,* vol. 2/15. São Paulo: Ed. RT, 1978, 1978, p. 29.

35. São as profícuas lições de Genaro Ruben Carrió, para quem: "as classificações não são verdadeiras nem falsas, são úteis ou inúteis: suas vantagens estão submetidas aos

solucionar, em definitivo, as diversas interrogações relacionadas ao conhecimento, apreensão, interpretação e aplicação da norma jurídica, a divisão da norma jurídica em espécies é fecunda em permitir a melhor compreensão da espécie.

Diversos autores, sob os mais variados fundamentos, justificativas e bases de pesquisa, se propuseram a definir as espécies normativas; dentre esses alguns obtiveram grande repercussão doutrinária. O escopo deste estudo não é tratar da definição e diferenciação das referidas espécies de forma pormenorizada ou aprofundada e nem mesmo propor novas classes que, em alguma medida, permitissem o escorreito enquadramento de funções sociais da cidade.

Porém, pelas razões expostas, a qualidade e o produto desta tese, qual seja, a descrição do conteúdo jurídico de funções sociais da cidade, pressupõe a incursão sobre sua classe dentro de determinado gênero. Assim, busca-se e comprova-se a sua natureza – normativa, como aqui se sustenta – e, dentro desta, qual eventual subgrupo, a espécie a que pertence, a partir do que se pode delimitar, com espeque em premissas comuns a outras categorias já conhecidas, parte de sua substância, de sua essência.

Para tanto, elege-se, doravante, em face mesmo de dispor quanto ao espectro de incidência, a produção de efeitos, a abrangência e a indicação de caracteres qualitativo, sobretudo pela interferência na funcionalidade das normas, a classificação das normas jurídicas constitucionais quanto a sua aplicabilidade e aquela que distingue as normas em regras e princípios, pela relevância e pertinência à temática central da tese[36].

---

interesses de quem as formula e à sua fecundidade para apresentar um campo de conhecimento de maneira mais facilmente compreensível ou mais rica em conseqüência prática desejáveis (...). Sempre há múltiplas maneiras de agrupar ou classificar um campo de relações ou fenômenos; o critério para escolher uma delas não está circunscrito senão por considerações de conveniência científica, didática ou prática". CARRIÓ. *Notas sobre derecho y lenguaje*, p. 72-73.

36. Há mesmo diversas outras formas de classificação das normas jurídicas. Uma delas parte do pressuposto do seu nível organizacional dentro do sistema, subdividindo-as em normas constitucionais, infraconstitucionais ou legais, e infralegais. Kelsen cuida das normas gerais e das normas individuais, além das normas primárias e secundárias. Destas também se ocupou Hart, na busca o fundamento do sistema jurídico mediante a união de regras primárias e secundárias. As regras primárias, na teoria de Hart, seriam as instituidoras de obrigações. As regras secundárias seriam regras de reconhecimento. HART, Herbert L. A. *O Conceito de Direito*. Lisboa, Calouste Gulbenkian, 2001. p.101-135. Nas palavras do autor, "num moderno sistema jurídico, em que existe uma variedade de fontes do direito, a regra de reconhecimento é correspondentemente mais complexa: os critérios para identificar o direito são múltiplos e comumente incluem uma constituição

escrita, a aprovação por uma assembléia legislativa e precedentes judiciais". Op. cit., p. 112. Na sua proposição, Kelsen atribui a qualidade de primária às normas dotadas de previsão sancionatória e de secundárias aquelas que apenas contêm o comportamento a ser permitido, proibido, facultado ou a competência a ser outorgada, podendo ambas estarem ou conjugadas em uma só prescrição. Atualmente, segundo FERRAZ JUNIOR, verifica-se que se utiliza para fins classificatórios o critério da relação inclusiva: se uma norma tem por objeto outra norma, ela é secundária; se tem por objeto a própria ação, é primária. Por oportuno, no âmbito da doutrina brasileira, merece registro a proposição classificatória deste autor que parte da eleição do critério semiótico (assim considerada a teoria dos signos – signos lingüísticos das palavras), envolvendo as noções de relação sintática, semântica e pragmática. Assim, quanto aos critérios sintáticos, o autor classifica as normas pela sua relevância, pela subordinação e pela estrutura. O critério da relevância classifica as normas em primárias e secundária, o da subordinação em normas--origem (primeiras de uma série, remontando até a norma fundamental) e normas-derivadas (que são as demais normas decorrentes da primeira) e da estrutura em normas autônomas (que têm por si um sentido completo) e normas dependentes (que exigem combinação com outras normas para expressar seu sentido). Quanto à semântica, por sua vez, reporta-se ao âmbito de validade das normas e reporta-se aos destinatários (gerais, isto é, comuns, porque destinadas à generalidade das pessoas e individuais, ou seja, particulares, já que disciplinam o comportamento de uma pessoa ou grupo), à matéria (abstratas, as quais têm por *facti species* um tipo genérico, especiais, que disciplinam um tipo genérico de forma diferenciada e excepcionais, contidas nas abstratas, mas que excepcionam seu conteúdo), ao espaço (nacional, estadual, municipal – local, etc.) e ao tempo (permanentes, quando a lei não atribui prazo de vigência – vigem indefinidamente, e provisórias ou temporárias, sendo aquelas para a qual a lei prevê previamente um prazo de cessação, irretroativas ou retroativas de incidência imediata, cujo início de vigência se dá a partir da publicação, ou de incidência mediata, sujeitas à *vacatio legis*). Por fim, apresenta o critério da finalidade, segundo o qual as normas jurídicas classificam-se em normas de comportamento (disciplinadoras da conduta) e normas programáticas (que expressam diretrizes, intenções, objetivos), bem como o critério pragmático, cuja asserção pode ser modalizada por funtores, compreendidos como operadores lingüísticos que permitem mobilizar as asserções. FERRAZ JUNIOR, Tércio Sampaio. *Introdução ao estudo do direito*. São Paulo: Atlas, 1994, p. 124 – 130. Já Maria Helena Diniz cataloga as quanto à imperatividade (impositivas, ordenando a ação ou abstenção de conduta, sem qualquer alternativa ou opção diferenciada, ou dispositivas que por sua vez subdividem-se em permissivas, supletivas ou também impositivas por interpretação doutrinária ou jurisprudencial), quanto ao autorizamento (mais que perfeitas, que autorizam duas sanções – nulidade do ato e restabelecimento do status quo, com aplicação de pena ao violador, perfeitas que autorizam a declaração do ato que as viola, mas não a aplicação de pena ao violador, menos que perfeitas, que autorizam a aplicação de pena ao violador, mas não a nulidade do ato, e imperfeitas, (cuja violação não acarreta qualquer conseqüência jurídica), quanto à hierarquia (normas constitucionais, leis complementares, leis ordinárias, delegadas, medidas provisórias, decretos legislativos e resoluções, decretos regulamentares, normas internas e normas individuais), quanto à natureza de suas disposições (substantivas, as quais definem e regulam relações jurídicas, criam direitos e impõem deveres – normas de direito material, e adjetivas, que regulam o modo ou processo de efetivar as relações jurídicas – normas de direito processual), quanto à aplicação (de eficácia absoluta, insuscetíveis de emenda e com força paralisante total da lei que as contraria, de eficácia plena, que apresentam todos os requisitos necessários para disciplinar as relações jurídicas, de eficácia relativa restringível, de aplicabilidade

3.1. Classificação da norma jurídica constitucional quanto à eficácia plena e a aplicabilidade

Jorge Miranda apresenta um complexo método para classificação das normas constitucionais. Após traçar uma classificação geral das normas, leciona que

> Entre as classificações ou contraposições de mais particular incidência no domínio do Direito constitucional ou mesmo dele específicas, avultam as seguintes:
>
> a) Normas constitucionais materiais e normas constitucionais de garantia (correspondentes grosso modo a normas primárias e a normas secundárias) – aquelas formando ou reflectindo o núcleo da constituição em sentido material, da ideia de Direito modeladora do regime ou da decisão constituinte; estas estabelecendo modos de assegurar seu cumprimento frente ao próprio estado, por meios preventivos ou sucessivos que lhe emprestem efectividade ou maior efectividade;
>
> b) Normas constitucionais de fundo orgânicas e procedimentais ou de forma – as primeiras, sobretudo as respeitantes às relações entre a sociedade e o Estado ou ao estatuto das pessoas e dos grupos dentro da comunidade política, as segundas, definidoras dos órgãos do poder, da sua estrutura, da sua competência, da sua articulação recíproca e do estatuto dos seus titulares; as terceiras, relativas aos actos e actividades do poder, aos processos jurídicos de formação e expressão da vontade – de uma vontade necessariamente normativa e funcional;
>
> c) normas constitucionais preceptivas e normas constitucionais programáticas – sendo preceptivas as de eficácia incondicionada ou não dependente de condições institucionais ou da facto e programáticas aquelas que, dirigidas a certos fins e a transformações não só da ordem jurídica mas também das estruturas sociais ou da

---

imediata, mas passíveis de redução de sua eficácia pela atividade legislativa – eficácia limitada, e de eficácia relativa complementável, nas quais há a possibilidade mediata de produzir efeitos, dependendo de norma posterior – eficácia contida), quanto ao poder de autonomia legislativa (nacionais e locais, bem como federais, estaduais e municipais) e quanto à sistematização (esparsas ou extravagantes, codificadas e consolidadas). DINIZ, Maria Helena. *Compêndio de introdução à ciência do direito*. São Paulo: Saraiva, 1991, p. 345-352. Inúmeras, portanto, são as possíveis classificações para as normas jurídicas. Como já repisado, nenhuma é verdadeira ou falsa, ou prepondera. Elas são serviçais ou não. Para efeitos desta tese, utiliza-se apenas classificações que se entende necessárias para a extração do conteúdo jurídico das "funções sociais da cidade".

realidade constitucional (daí o nome), implicam a verificação, pelo legislador, no exercício de um verdadeiro poder discricionário, da possibilidade de as concretizar;

d) normas constitucionais exequíveis e não exequíveis por si mesmas – as primeiras, aplicáveis só por si, sem a necessidade de lei que as complemente; as segundas carecidas de normas legislativas que as tornem plenamente aplicáveis às situações da vida;

e) normas constitucionais a se e normas sobre normas constitucionais – contendo aquelas uma específica regulamentação constitucional, seja a título de normas materiais, seja a título de normas de garantia, e reportando-se a outras normas constitucionais para certos efeitos (como as normas de revisão constitucional ou as disposições transitórias).[37]

Entretanto, a doutrina majoritária utiliza como critério de classificação das normas constitucionais quanto à aplicabilidade. São os juristas americanos os precursores nas investigações do tema sob essa perspectiva. Neste passo, dividem as normas constitucionais em duas espécies, denominadas *"self executing provisions" e "not self executing provisions".*

Sobre o tema, recorrente a lição de Rui Barbosa:

> Executáveis por si mesmas, ou auto-executáveis, se nos permitem uma expressão que traduza num só vocábulo o inglês *self executing,* são, por tanto, as determinações para executar as quais não se haja mister de constituir ou designar uma autoridade, nem criar ou designar um processo especial, e aquelas onde o direito instituído se ache armado por si mesmo, pela sua própria natureza, dos seus meios de execução e preservação. Mas nem todas as disposições constitucionais são auto-aplicáveis. As mais delas, pelo contrário, não são. [38]

Nesta toada, Crisafulli, em evolução à doutrina clássica norte americana, salienta a existência de três espécies de normas constitucionais: as programáticas, imediatamente preceptivas e de eficácia diferida.[39] Analisando as lições do referido autor, explicita Paulo Bonavides:

> Nesta acepção, *programáticas* se dizem aquelas normas jurídicas com que o legislador, ao invés de regular imediatamente um certo objeto, preestabelece a si mesmo um programa de ação, com respeito

---

37. MIRANDA, Jorge. *Manual de Direito Constitucional.* Teoria do Estado e da Constituição. Rio de Janeiro: Forense, 2005, p. 440-441.

38. BARBOSA, Rui. *Comentários à Constituição Federal Brasileira.* V. II. São Paulo: Saraiva, 1933, p. 488.

39. BONAVIDES, *Curso de Direito Constitucional,* p.243. Esta classificação é, aparentemente, também a adotada pelo constitucionalista brasileiro em sua obra multimencionada.

ao próprio objeto, obrigando-se a dele não se afastar sem um justificado motivo.

Já as normas imediatamente preceptivas seriam, "(...) aquelas que diretamente regulam relações entre cidadãos e entre o Estado e os cidadãos. "[40]

Por fim, as normas constitucionais de eficácia diferida seriam

> [...] normas que não se dirigem unicamente aos poderes do estado, mas indistintamente, desde o primeiro momento, aos cidadãos e aos órgãos estatais, não tendo por conseguinte, natureza programática, e somente desdobrando sua inteira eficácia através dos meios instrumentais ou leis organizativas posteriores, capazes de permitir sua aplicabilidade às matérias de que diretamente se ocupam.[41]

No Brasil, merece destaque a proposição de Meireles Teixeira, que apresenta classificação própria para as normas constitucionais e sua aplicabilidade. Segundo este autor, as normas constitucionais se dividem em normas de eficácia plena e normas de eficácia limitada. As últimas se subdividem em normas programáticas e normas de legislação. Observa o constitucionalista que:

> [...] no caso das normas constitucionais de eficácia plena, ensina-nos, o legislador constituinte diretamente, imediatamente e de modo pleno, estabeleceu uma normatividade sobre certa matéria, normatividade que se mostra apta a produzir, desde logo, os efeitos essenciais visados. Trata-se, portanto, de normas plena e diretamente operativas.[42]

Já no segundo caso, das normas de eficácia limitada, ao invés de regularem desde o primeiro momento, de modo direto e imediato, determinadas ordens de situações e relações (as quais, entretanto se referem) regulam comportamentos públicos destinados, por sua vez, a incidir sobre essas matérias: estabelecem, isso sim, aquilo que os órgãos governamentais deverão ou poderão fazer (e, inversamente, portanto, aquilo que não poderão fazer), relativamente a determinados assuntos.[43]

A despeito da relevância e rigor científico das citadas e de outras classificações das normas constitucionais[44], adota-se aqui a classificação proposta

---

40. Bonavides, Curso... p. 251.
41. Idem, p. 254.
42. Teixeira, J. H, Meireles. *Curso de Direito Constitucional.* São Paulo: Forense Universitária, 1991, p. 318-319.
43. Teixeira, J. H, Meireles. *Curso de Direito Constitucional.* São Paulo: Forense Universitária, 1991, p. 318-319.
44. Ainda no Brasil, válido citar a contribuição conjunta de Celso Bastos e Celso Ayres Brito, que classificam as normas constitucionais, quanto ao modo de incidência, por via de

por José Afonso da Silva, pela qual as normas constitucionais podem ser classificadas como normas de eficácia plena, as quais possuem aplicabilidade imediata, normas de eficácia contida, cuja aplicabilidade também é imediata, porém sujeitas à restrição, e, finalmente, em normas de eficácia limitada, que dependem de normas ordinárias complementares para produzirem todos os efeitos delas esperadas.[45]

3.2. Classificação bipartite da norma jurídica: princípios e regras

As discussões relacionadas ao direito passam por momento peculiar, em face da proeminência assumida pelas teorias filosóficas e da metodologia da pesquisa no âmbito do processo de seu conhecimento e operação.

Neste contexto, nota-se o destaque conferido pelos pesquisadores às relações entre os temas jurídicos e os valores, a moral, a partir da noção de sistema e os seus componentes, passando por uma nova conotação à já encanecida problemática da hermenêutica – incluindo-se a interpretação e aplicação do direito.

No centro destas inovações[46] propostas para a concepção do direito, sobreleva-se o tema da classificação das normas jurídicas em espécies distintas, notadamente no que tange aos tão propagados princípios e regras[47], elementos que baseiam e justificam as variáveis daí decorrentes.

---

aplicação, em normas regulamentáveis e irregulamentáveis, por via de integração, em complementáveis e restringíveis. Já quanto à produção de efeitos, subdividem em normas de eficácia parcial e normas de eficácia plena, sendo, ainda, aquelas compreendidas pelas normas complementáveis e estas pelas normas irregulamentáveis e restringíveis. BASTOS, Brito. Celso Ribeiro De, Carlos Ayres. *Interpretação e Aplicabilidade das normas Constitucionais.* P. 35-64 São Paulo: Saraiva, 1982.

45. SILVA, José Afonso da. *Aplicabilidade das Normas Constitucionais.* p. 63-87. São Paulo: Malheiros, 2004.

46. Há mesmo quem defenda que "o que há de singular na dogmática jurídica da quadra histórica atual é o reconhecimento da normatividade jurídica" dos princípios. BARROSO. Luís Roberto. *Fundamentos Teóricos e Filosóficos do Novo Direito Constitucional Brasileiro*: Pós-modernidade, Teoria Crítica e Pós-Positivismo, p. 31.

47. Pretendendo inovar a classificação bipartida entre normas, princípios e regras, Humberto Ávila apresenta classificação tríplice na qual sustenta – entre outras questões – a existência de mais uma espécie de norma. Refere-se aos postulados normativos, que seriam "normas imediatamente metódicas, que estruturam a interpretação e aplicação de princípios e regras mediante a exigência, mais ou menos específica, de relações entre elementos com base em critérios". ÁVILA. *Teoria dos princípios:* da definição à aplicação dos princípios jurídicos. São Paulo Malheiros, 2009, p. 168. Celso Ribeiro Bastos também inclui os postulados em sua classificação das normas jurídicas, na concepção de

Diversos são, na ciência do direito, os posicionamentos quanto a matéria e os meios de representar os denominados princípios e não os utilizar como forma de ataque a uma determinada forma de pensar filosófica e cientificamente o estudo das normas jurídicas[48].

norma de conduta do intérprete da norma jurídica, dirigindo-se, portanto, a fatos e atos integrantes e exteriores ao sistema posto, razão pela qual os reconhece como sendo anteriores a própria Constituição. BASTOS, Celso Ribeiro. Hermenêutica e interpretação constitucional. São Paulo: Celso Bastos, 1999, p. 94-97. Nesta senda parece a posição de Ricardo Marcondes Martins, ao que os postulados seriam "elementos normativos, pressupostos epistemológicos do sistema normativos, necessários à realização do ato de editar uma Constituição..." PIRES, Luis Manoel Fonseca e MARTINS, Ricardo Marcondes. *Um diálogo sobre a justiça*: a justiça arquetípica e a justiça deôntica. Belo Horizonte: Fórum, 2012, p. 54. Discorda-se. Não que tais normas postulados não existam, mas que as mesmas não são normas jurídicas, porque não positivadas e ainda por se confundirem com a noção metajurídica de justiça anterior a toda e qualquer norma, inclusive a norma última de validade, a Constituição. Neste contexto, entende-se que se situam no âmago do que Kelsen cunhou como norma hipotética fundamental, que é de alta relevância para o direito enquanto fenômeno social, mas cujo o estudo não é objeto da ciência do direito. Por essa razão, descarta-se a sua inclusão como espécie, como classe do gênero norma jurídica. Igualmente, não é mediante os postulados anteriores a própria ordem fundamental que os casos de injustiça extrema são incompatíveis com determinada ordem jurídica, mas porque os mesmos sempre encontrarão resistência em direitos fundamentais positivados ou, quando menos, na revolução que rejeite normas desta natureza. Sente-se, por isso, que, ao contrário do quanto explicitado recorrentemente pela doutrina, foi exatamente essa noção de justiça anterior e superior a própria concepção de Constituição que fundamentou o nazismo, mesmo porque, se respeitadas as normas postas pela Constituição de Weimar então vigente na Alemanha – festejada como pioneira na proteção dos direitos fundamentais sociais e humanos – os atos praticados sob aquela nova ordem seriam declarados inconstitucionais pela autoridade competente. Isto não ocorreu, pois prevaleceu, verdadeiramente, a justiça anterior à Constituição vidente, sobretudo baseada no sentimento que emergia da própria população e seu comandante. Assim, o que justificou, possibilitou e fundou o nazismo foi uma revolução que, em última análise, rompe e inaugura ordens jurídicas, ainda que suscetíveis a limitações pelo conteúdo mínimo e intangível dos direitos humanos decorrente das evoluções sociais e que se encontram positivados como direitos fundamentais pétreos.

48. Com efeito, um verdadeiro combate à teoria pura do direito e à técnica de subsunção na aplicação das normas jurídicas se apresenta no âmago destas teorias, as quais, consoante se pretende demonstrar ao longo desta monografia, acabam por desvirtuar a instrumentalização das normas jurídicas, dando azo a possíveis atos de concentração de poder e mesmo a insegurança das relações jurídicas. Fundamentalmente, duas são as razões que dão causa a estas consequências, a saber, a confusão entre ciência e hermenêutica jurídica, ao lado das indefinições metodológicas e de objeto. Assim, partindo-se duma – falsa – premissa da incompatibilidade do positivismo jurídico às interfaces axiológicas, sob a égide da sua inaptidão para o asseguramento de direitos fundamentais e incapacidade de aproximação do direito à realidade e anseios sociais, estabelece-se uma cruzada, uma campanha mesmo contra essa forma de pensar o direito. Ocorre que, ao contrário das finalidades propagadas, as consequências deste giro científico – que mais se ocupam de ataques e contestações a esse nicho filosófico do

Por isso que acertadamente adverte Guastini que "no uso comum, a expressão 'princípios de (do) direito' não constitui absolutamente uma categoria simples e unitária: pelo contrário, por essa expressão entendem--se frequentemente coisas muito distintas. "[49] "Além disso...", prossegue o mencionado doutrinador, "...na linguagem comum dos juristas, costuma-se caracterizar os princípios em contraposição às normas".[50]

No mesmo diapasão, sustenta Larenz que "uma explicação dos princípios que se limite a convertê-los em palavras, sem penetrar em alguma de suas concretizações, corre o risco de permanecer num nível muito geral, em que cada um pode entender coisas diferentes". [51]

---

direito, até mesmo como se, absurdamente, fosse este o responsável pela justificativa de estados de exceção ou do desrespeito aos direitos humanos – não foram o avanço na tutela de direitos fundamentais e nem mesmo a aproximação do direito à realidade social e aos anseios da comunidade. O que se verifica, em rigor, foi a constituição de um danoso "estado principiológico" e dum estado da "preponderância da cabeça do magistrado" sobre qualquer norma e ao arrepio de qualquer limitação, por mais fundamental que seja e ainda que direta e explicitamente derivada da norma base do ordenamento jurídico. Refere-se, neste particular, primordialmente – mas não exclusivamente – à carta branca em que erroneamente se insere a noção de princípio, enquanto norma autorizadora das mais diversas consequências no mundo jurídico, ainda que em face situações concretas distintas, em paradoxal contrassenso à própria noção de igualdade jurídica, basilar para o estado de direito e erigida pela unanimidade da ciência jurídica à condição de norma princípio. A sequela maior desta verificação é a desconstituição da essência do direito, pois que deixa de promover a pacificação social a partir do estado de instabilidade principiológica das soluções do sistema jurídico aos conflitos humanos. As causas, conforme já antecipado alhures, são, além da inútil ocupação para desconstituição do positivismo jurídico, o desvirtuamento das relações dos valores, norma e hermenêutica jurídica, pois que afastada da necessária compreensão da distinção entre ciência jurídica e sua operação e a definição do seu objeto. Sobre a matéria, também se ocupou CARRIÓ, Genaro. *Principios Jurídicos y Positivismo Jurídico.* Buenos Aires: Abeledo-Perrot, 1970. Em sentido contrário, em parte, Daniel Sarmento, para quem "É verdade que o positivismo não renegava completamente os princípios. No entanto, atribuía a eles uma função meramente subsidiária e supletiva na ordem jurídica. O tema dos princípios era discutido sobretudo no âmbito do Direito Privado, onde eles surgiam como princípios gerais de Direito. Neste contexto, não se lhes reconhecia o caráter de norma jurídica, mas de meio de integração do Direito, cuja utilização caberia apenas nas hipóteses de lacuna." SARMENTO, Daniel. *Direitos Fundamentais e Relações Privadas.* Rio de Janeiro, Lúmen Júris, 2004, p. 81.

49. GUASTINI, Ricardo. *Das fontes as formas.* São Paulo: Quartier Latim, 2005, p. 185.
50. Idem. Sobre o assunto, Rui Portanova assim assevera: "A doutrina utiliza o termo 'princípio' com muitas significações: critério, política, sistema, requisito e regra, por exemplo" PORTANOVA, Rui. *Princípios do processo civil.* Porto Alegre: Livraria do Advogado, 1999, p. 13.
51. LARENZ, Karl. *Metodologia da ciência do direito.* 2ª ed. Lisboa: Fundação Calouste Gulbenkian, 1991, p. 21.

Daí porque, faz-se obrigatório àqueles que versam o tema partir, no mínimo, da exata da definição da noção de princípio e regra que adota, ainda que fundada em uma daquelas já firmadas por uma das diversas correntes jusfilosóficas, como solução para a situação de instabilidade e imprecisão metodológica relatada e para evitar a decorrente e maléfica da denunciada *principiologização[52] aleatória das celeumas jurisdicionalizadas, sob pena de não se obter o conhecimento científico e, o que é mais grave, duma operação inadequada das normas de direito.[53]*

---

52. Desta questão já se ocuparam diversos autores na doutrina estrangeira e pátria. Por todos, citem-se os trabalhos – mesmo que com base em premissas diversas daquelas que aqui se pretende sustentar – por Lênio Streck, Humberto Ávila. Para este autor, o atual momento metodológico da teoria jurídica fundamental e, sobretudo, do direito constitucional acentua, sobremaneira, a importância dos princípios no ambiente dogmático, cunhando, uma euforia que gera o que rotulou de um "Estado Principiológico". ÁVILA, Humberto. *Teoria dos Princípios – da definição à aplicação dos princípios jurídicos.* São Paulo: Malheiros, 2009, 15. Conforme lembra Fábio Corrêa Souza de Oliveira, a questão também foi abordada por outros pesquisadores de nomeada, ainda que com a o emprego de outras designações congêneres, tais como "Estado principialista" (Paulo Bonavides), "Hermenêutica de Princípios" (Inocêncio Mártires Coelho), "Compreensão principial da Constituição" (Gomes Canotilho), "principiologia jurídico-constitucional" (Willis Santiago Guerra Filho), "dogmática principialista" (Clèmerson Merlin Clève) e "jurisprudência de princípios" (García de Enterría). OLIVEIRA, Fábio Corrêa Souza de. *Por uma teoria dos princípios – o princípio constitucional da razoabilidade.* Rio de Janeiro: Lumen Juris, 2003, p.10.
53. Neste sentido, o que para alguns poderia soar contraditório, é no positivismo jurídico que a especificação das normas em princípios e regras encontra um dos possíveis delineamentos aptos a solucionar a presente celeuma, consoante se pretende demonstrar enquanto uma necessária premissa deste teste. Para tanto, impõem-se, neste capítulo, investidas em torno de noções fundamentais a compreensão de qualquer tema jurídico, como é a questão dos princípios. Neste passo, cumpre reiterar que não se sustenta a inexistência de sinergia entre outros valores sociais e direito, mas que se faz necessário a identificação das peculiaridades, institutos, métodos e objeto próprios, sendo essencial a exata compreensão de suas notas distintivas para que o conhecimento se realize cientificamente, possibilitando a obtenção de verdades e ou sujeição à falseabilidade, além de permitir que sua operacionalização, materialização, verdadeira concretização não se dê de forma imprecisa, instável e insuscetível de correção. Como se expôs, para parte da doutrina, reside nos princípios jurídicos, conquanto "novos" elementos que compõem o sistema jurídico, a base das teses que sustentam a inaptidão do positivismo jurídico, enquanto teoria do direito, por não conferir e nem permitir a adequada compreensão de caráter diferenciado à norma jurídica, seja porque, para alguns, não se encontram num sistema jurídico, portanto, fechado, ou porquanto, para outros, estão impregnados de valores, o que, em tese, seria incompatível com a noção de sistema fechado e de norma pura propostos pelo positivismo jurídico. Estas divagações não se sustentam, como já se expôs, seja porque a necessidade de se separar a norma de outros fatos humanos para efeito de melhor conhecer e operar o direito não é questão científica e não fática, que não se resolve com a mera classificação das normas (em regras e princípios), ou por causa da má compreensão do que é a inevitável relação dos valores e qualquer outros aspectos metajurídicos com

Consequentemente, vale ressaltar que, em rigor, a definição dos princípios e das regras é mais uma questão de critério, de método. É uma relevante questão, mas, frise-se, taxonômica, exigindo daquele que utiliza este instrumental especial atenção quanto ao pré-estabelecimento da forma de classificação e consequentes premissas que adota.[54]

Com efeito,

> [...] a doutrina costuma compilar uma enorme variedade de critérios para estabelecer a distinção entre princípios e regras. Por simplificação, é possível reduzir esses critérios a apenas três, que levam em conta: a) o conteúdo; b) a estrutura normativa; e c) o modo de aplicação. O primeiro deles é de natureza material e os outros dois são formais. Essas diferentes categorias não são complementares, nem tampouco são excludentes: elas levam em conta a realidade da utilização do termo 'princípio 'no Direito de maneira geral. Nesse caso, como em outras situações da vida, afigura-se melhor lidar com a diversidade do que procurar estabelecer, por arbítrio ou convenção, um critério unívoco e reducionista.[55]

---

o direito e seus elementos, da sua não interferência na formação, mutação e aplicação da norma jurídica dentro do seu sistema, pena de colapso configurado a partir da fulminação de sua finalidade última, a estabilidade das relações humanas, incluído dentro do sistema jurídico por normas, princípios e regras, que se resumem num direito fundamental ínsito a todos os estados democráticos de direito: a segurança jurídica.

54. Pertinente a explicação de Ávila, para quem dois são os vieses metodológicos para o estudo dos princípios no direito: um seria o que rotula de "investigação apologética", onde se exalta a importância dos princípios, privilegiando-se a "proclamação da importância dos princípios, qualificando-os como alicerces ou pilares do ordenamento". Porém, peca por não apontar quais os cometimentos imprescindíveis à sua concreção e qual o aparato de justificação e aplicação dos mesmos; a outra consiste na análise consecutiva e insistente de sua estrutura e o modo de aplicabilidade racional dos princípios, enquanto modelos normativos, como se pretende fazer na presente tese. ÁVILA, Humberto. Teoria dos Princípios – da definição à aplicação dos princípios jurídicos. São Paulo: Malheiros, 2009, p. 56

55. BARROSO, Luís Roberto. *In* A nova interpretação constitucional: ponderação, direitos fundamentais e relações privadas. Rio de Janeiro: Renovar, 2008. p.205. Nesta toada, Canotilho aponta vários critérios comumente utilizados pela doutrina para fundamentar a distinção entre princípios e regras. São eles: 1. Grau de abstração: por este critério, os conceitos de princípio e regra poderiam ser individualizados pelo fato de que o primeiro possuiria um grau de abstração elevado, enquanto que a regra teria um grau relativamente baixo de abstração. 2. Grau de determinabilidade quando da aplicação ao caso concreto: os que assim entendem, defendem que os princípios carecem de mediações concretizadoras, através do legislador ou do juiz, porque são vagos e indeterminados. As regras, por sua vez, teriam aplicação direta. 3. Caráter de fundamentalidade no sistema de fontes do direito: os princípios estariam num patamar superior às regras por serem normas de natureza estruturante ou com papel fundamental no ordenamento jurídico devido à sua posição hierárquica no sistema de fontes ou à sua importância estruturante

Diante deste quadro, que alberga inúmeros critérios e os mais variados significados e sentidos para um mesmo termo, seja na linguagem ordinária, seja na linguagem científico-jurídica, é que surgem as mais diversas definições, conteúdos, funções etc. para os denominados princípios jurídicos.[56]

Ora, para evitar essa ambiguidade e entendendo a multimencionada classificação pertinente, racional e útil[57] à ciência jurídica, bem como para a interpretação, concretização e aplicação do direito, parte-se, de logo, de um

---

dentro do sistema jurídico. 4. Proximidade da idéia de direito: princípios seriam padrões da justiça. Regras poderiam ser normas vinculativas com conteúdo meramente funcional. 5. Natureza normogenética: as regras advêm dos princípios. São estes que fundamentam aquelas. CANOTILHO. *Direito constitucional e teoria da Constituição*, p. 1160.

56. Diversos são os significados do termo princípio. Na linguagem ordinária é comum a referência ao termo princípio como sendo: parte ou ingrediente importante, fundamental, básico de algo, guia, orientação, fonte geradora, origem, finalidade, objetivo, propósito, premissa, axioma, evidencia teórica, verdade ética inquestionável, máxima, provérbio, valor de experiência, tradição. Estas noções, verdadeiros dados-fatos da vida, são jurisdicizados pelo direito, na medida em que incorporados pelo sistema de normas jurídicas vigentes em determinado espaço e tempo. O direito, destarte, interfere diretamente nestes. Mas, não se pode negar, também sofre interferência dos mesmos, ainda que disto não resulte confusão entre seus objetos. Daí porque o significado jurídico do termo princípio encontra, em algum grau, influência daqueles pertinentes à linguagem comum. Nesta senda, é recorrente no pensamento jurídico a compreensão dos princípios jurídicos como: referidos à ordenação dos aspectos importantes de uma ordem jurídica; expressão generalizações obtidas a partir das regras; razão de um conjunto de normas; atribuição de pautas de conteúdo eminentemente justos; instrumento para identificar requisitos formais ou externos que a ordem jurídica; guias de direção ao legislador; juízos de valor exigências básicas de justiça e moral na consciência popular; tradição jurídica. Vide CARRIÓ, Genaro. *Principios Jurídicos y Positivismo Jurídico*. Buenos Aires: Abeledo-Perrot, 1970.

57. A mesmo quem insiste na inutilidade desta classificação. Por todos confira-se a obra de Hart. É deste autor a seguinte assertiva: "Não vejo razões nem para aceitar este contraste nítido entre princípios jurídicos e regras jurídicas, nem do ponto de vista de que, se uma regra válida for aplicável a um caso dado, deve, diferentemente de um princípio, determinar sempre o resultado do caso. Não há razões para que um sistema jurídico não deva reconhecer que uma regra válida determina o resultado nos casos em que é aplicável, exceto quando outra regra, julgada como sendo mais importante, seja também aplicável ao mesmo caso. Por isso, uma regra que seja superada, em concorrência com uma regra mais importante num caso dado, pode, tal como um princípio, sobreviver, para determinar o resultado em outros casos, em que seja julgada como sendo mais importante do que outra regra concorrente". E, mais adiante, finaliza que "Esta incoerência, verificada na pretensão de que um sistema jurídico consiste tanto em regras de tudo-ou-nada como em princípios não conclusivos, pode ser sanada se admitir que a distinção é uma questão de grau. Certamente que se pode fazer um contraste razoável entre regras quase-conclusivas, em que a satisfação das respectivas condições de aplicação basta para determinar o resultado jurídico, salvo em poucos exemplos (em que as suas disposições podem entrar em conflito com as de outra regra reputada da maior importância), e princípios geralmente não conclusivos, que se limitam a apontar para uma decisão, mas que podem

corte metodológico juspositivista, afastando como parte da teoria dos princípios, ou melhor, como possível propriedade dos princípios e das regras jurídicas tudo aquilo que não esteja inserido em determinado ordenamento jurídico – no caso, no ordenamento jurídico brasileiro.

Em sequência, estabelece-se nesta tese que ambas integram o mesmo gênero – no caso a norma jurídica. Diga-se: dotam-se de características comuns.

Ademais, ambas são espécies de norma jurídica, porque possuem como característica comum serem atos, verdadeiros plexos de ordenação de conduta humana, integrantes de um sistema concatenado, cuja formação válida deve seguir o processo pré-determinado pela norma base do sistema, conforme atribuição – ou autoridade – outorgada pelo próprio sistema, arraigadas, na sua essência, a imperatividade – ou prescritibilidade –, cujo cerne é a presença da sanção – consequência negativa pelo não cumprimento de seus comandos – e a coação – possibilidade de impor esta consequência, mesmo contra a vontade do seu destinatário, inclusive mediante o uso da força prevista, autorizada também pelo ordenamento em vigor.[58]

Tratam-se, repisa-se, de classes do gênero norma jurídica.[59] São os princípios jurídicos ínsitos a este ordenamento[60]. Neste sentido, aplica-se

---

muito freqüentemente não conseguir determina-la" HART, Herbert L. A. *O conceito de Direito*. Lisboa: Fundação Calouste Gulbenkian, 2001, p. 318-330.

58. Esclarece Dimolius: "A norma se integra ao ordenamento vigente, se for respeitado o procedimento estabelecido para sua criação, assim como as demais condições fixadas pelo sistema jurídico. As mais importantes condições que devem ser respeitadas são as seguintes: a competência conferida a uma autoridade ou pessoa para a criação de certa espécie de normas, o procedimento de edição (tramitação regular, maiorias, prazos, registros, formas de publicidade etc.), os limites temporais e espaciais de validade e as regras que permitem resolver casos de incompatibilidade entre o conteúdo das normas (antinomias jurídicas). Isso ocorre mediante aplicação da regra que impõe a congruência de cada norma com as suas superiores (princípio da superioridade) e das regras que permitem decidir qual entre as normas conflitantes do mesmo escalão hierárquico deverá prevalecer (princípios da especialidade, da posterioridade e da proporcionalidade)." DIMOULIS, Dimitri. *Positivismo jurídico:* introdução a uma teoria do direito e defesa do pragmatismo jurídico-político. *São Paulo: Método, 2006, p. 114.*

59. Sobre a matéria, confira-se MIRANDA, Jorge. Manual de direito constitucional. 2. ed. rev. Coimbra: Coimbra Editora, 1987, tomo II, p. 198. J. J. Em sentido aproximado, Gomes Canotilho e Vital Moreira ensinam que os "princípios são núcleos de condensação nos quais confluem os bens e valores constitucionais, i.e., são expressões do ordenamento constitucional e não fórmulas aprioristicas contrapostas às normas". CANOTILHO; MOREIRA. *Fundamentos da Constituição*, p. 49.

60. Neste sentido, explicita Benedito Hespanha que "qualquer sistema ou ordenamento jurídico é integrado por princípios e regras de direito. Vale dizer que uma ordem jurídica

integralmente – tanto aos princípios quanto às regras – a lição kelseniana segundo a qual as normas "(...) não são juízos, isto é, enunciados sobre um objeto dado ao conhecimento. Elas são antes, de acordo com o seu sentido, mandamento, e como tais, comandos imperativos. Mas não são apenas comandos, pois também são permissões e atribuições de poder ou competência. "

Anui-se a Ricardo Martins, que reverbera:

> Afirmar que tanto as regras como os princípios são normas equivale a dizer que ambos têm um antecedente, em que há a descrição hipotética de um fato ou de um conjunto de fatos, e um consequente, em que há a descrição de duas situações jurídicas vinculadas numa relação jurídica e condicionadas à ocorrência do fato ou fatos previstos. Essa estrutura, facilmente perceptível nas regras, é de difícil visualização nos princípios daí a dificuldade em compreendê-los.[61]

Na esteia desta apologética, descortina-se o cerne da questão: as normas jurídicas, sejam princípios ou regras, não são meras instruções ou ensinamentos. Por isso, prescrevem, permitem, conferem e limitam poderes ou competências — não 'ensinam nada.[62]

Diante disso, devem ser cumpridas, respeitadas, sob pena de em não sendo, ensejar aplicação da sanção correspondente.[63] Considera-se, nestas bases, que o caráter prescritivo é comum às normas princípios e normas regras.

---

positiva possui tantos princípios gerais de direito quantos forem jurídica e positivamente estabelecidos. É claro que a ordem jurídica poderá inserir a positividade de outros princípios gerais de direito, uma vez que ao intérprete sempre é dado, em qualquer tempo e lugar, o direito de questionar o conteúdo valorativo de justiça e a normatividade de transformadora de novos princípios gerais do direito". Conclusivamente: "A normatividade dos princípios é inquestionável, já que o discurso de sua proposição valorativa expressa o conteúdo da observância de normas legítimas e necessárias para regular a situação de justiça de qualquer caso real ainda não regulado no sistema ou ordenamento jurídico" HESPANHA, Benedito. Direito processual e a Constituição: a relevância hermenêutica dos princípios constitucionais do processo. *In*: Revista de Direito Constitucional e Internacional, nº 48. São Paulo: Revista dos Tribunais, 2004, p. 14-15.

61. MARTINS, Ricardo Marcondes. *Efeitos dos Vícios do Ato Administrativo*. São Paulo: Malheiros, 2008, p. 30.
62. KELSEN. Teoria pura do direito, p. 81. Esta assertiva parece óbvia ou desnecessária, mas não é. Como lembra Guastini, por todos, "costuma-se caracterizar os princípios em contraposição às normas." GUASTINI, Ricardo. *Das fontes as formas*. São Paulo: Quartier Latim, 2005, p. 185.
63. ESPÍNDOLA, Ruy Samuel. *Conceito de princípios constitucionais:* elementos teóricos para uma formulação dogmática constitucionalmente adequada. São Paulo: Revista dos Tribunais, 1998, p. 55.

Todavia, é preciso atestar que, mesmo sendo parte da mesma família, existem dentro do conjunto categorias com peculiaridades, verdadeiras notas diferenciadoras, que justifiquem a utilidade da classificação proposta, seja para efeitos acadêmicos, científicos – atividade descritiva –, ou mesmo para efeito de operação, aplicação e interpretação – atividade prescritiva.

Pelo exposto, a propósito desta tese define-se[64] os princípios jurídicos[65] como normas jurídicas que consubstanciam ordens de conduta pres-

---

64. Das diversas formas de conceituar princípios, cita-se as seguintes: para Celso Antônio Bandeira de Mello, são o "mandamento nuclear de um sistema, verdadeiro alicerce dele, disposição fundamental que se irradia sobre diferentes normas compondo-lhes o espírito e servindo de critério para sua exata compreensão e inteligência exatamente por definir a lógica e a racionalidade do sistema normativo, no que lhe confere a tônica e lhe dá sentido harmônico. BANDEIRA DE MELLO. *Curso de direito administrativo*, p. 902-903. Para Celso Ribeiro Bastos "os princípios constitucionais são aqueles que guardam os valores fundamentais da ordem jurídica. Isto só é possível na medida em que estes não objetivam regular situações específicas, mas sim desejam lançar sua força sobre todo o mundo jurídico. Alcançam os princípios esta meta à proporção que perdem o seu caráter de conteúdo, isto é, conforme vão perdendo densidade semântica, eles ascendem a uma posição que lhes permite sobressair, pairando sobre uma área muito mais ampla do que uma norma estabelecedora de preceitos. Portanto, o que princípio perde em carga normativa ganha como força valorativa a espraiar-se por cima de um sem-número de outras normas". BASTOS. *Curso de direito constitucional*. p. 245. Para Roque Carrazza, "Princípio jurídico é um enunciado lógico, implícito ou explicito, que, por sua grande generalidade, ocupa posição de preeminência nos vastos quadrantes do Direito e, por isso mesmo, vincula, de modo inexorável, o entendimento e aplicação das normas jurídicas que com ele se conectam." CARRAZZA, Antonio Roque. *Curso de direito tributário*. São Paulo: Malheiros, 1997, p.31.

65. Urge trazer a colação o pertinente alerta de Arx da Costa Tourinho, para quem é necessário se distinguir os princípios jurídicos, ou seja, aqueles inseridos na normatividade, num sistema positivo de normas, e os princípios gerais do direito. Os primeiros, necessariamente, estão conformados no âmbito normativo, diga-se, positivados, cuja base está na norma da Lei Maior. Os princípios gerais de direito, por seu turno, são diretrizes que vivem e sobrevivem graças ao entendimento doutrinário, ou metajurídico. Não têm caráter normativo, embora exerçam influência na interpretação e aplicação das normas. TOURINHO. *Temas em direito*, p. 34-35. Acrescenta-se a estes ensinamentos que, conquanto não possuam normativo, os princípios gerais do direito possuem relevância jurídica, ao menos para o ordenamento brasileiro que os considera como método de integração do sistema, consoante disposto pela Lei de Introdução ao Direito Brasileiro, em seu art. 4º. No mesmo sentido, Tavares afirma que "a expressão 'princípios gerais do direito' ora equivale a uma concepção axiomática, de valores absolutos e universais, derivados do jusnaturalismo racionalista, ora deduz-se do ponto de vista positivista, porquanto valores subjacentes à norma escrita (aqui como noção reducionista de regra jurídica), com função meramente supletiva das lacunas jurídicas TAVARES, André Ramos. Elementos para uma Teoria Geral dos Princípios na perspectiva constitucional. In: LEITE, George Salomão (org.). *Dos princípios constitucionais: Considerações em torno das normas principiológicas da Constituição*. São Paulo: Malheiros, 2003, p. 28. Aparentemente em sentido

critivas[66], postas de forma explícita ou implícita em determinado sistema jurídico vigente, as quais se situam em plano hierárquico superior ao das regras integrantes do mesmo nível sistemático, por serem dotadas de alto grau de generalidade e abstração que não resultam em incidência limitada a determinados casos concretos e pelas quais se incluem na ordem valores jurisdicizados na forma comandos, consubstanciando prescrições[67] fundamentais que condicionam os mais diversos interesses juridicamente protegidos à produção, possuindo o caráter construtivo e operativo[68].

3.3. As funções sociais da cidade enquanto norma princípio constitucional de eficácia plena e aplicabilidade imediata

A disposição das "funções sociais da cidade" foi expressamente posta pela Constituição Federal do Brasil, editada em 1988, consoante disposição do seu art. 182.

Prescreve o citado dispositivo que "a política de desenvolvimento urbana, executada pelo Poder Público municipal, conforme diretrizes gerais fixadas em lei, tem por objetivo ordenar o pleno desenvolvimento de funções sociais da cidade e garantir o bem-estar de seus habitantes".

Ao expressar que um determinado plexo de relações humanas, isto é, a política de desenvolvimento urbana, tem por objetivo ordenar o pleno desenvolvimento de funções sociais da cidade, a Constituição elegeu o escopo, a premissa maior, isto é, o fundamento de validade dos atos jurídicos pertinentes à política urbana[69], para os fins de assegurar o bem-estar

---

contrário desta distinção, Eros Roberto Grau leciona: "Note-se que o não discernimento da circunstância de norma jurídica ser o gênero do qual espécies são as regras e os princípios gerais de direito, é que conduz o estudioso do direito a, equivocadamente equiparar regras e norma jurídica – o que torna hermético o tema dos princípios jurídicos" Grau, Eros Roberto. Licitação e Contrato Administrativo – estudos sobre a interpretação da Lei), São Paulo, Malheiros, 1995, p 16.

66.   Em sentido similar, CAMMAROSANO, Márcio. Direito administrativo, urbanístico e ambiental: interfaces. *In* BEZNOS, Clóvis; CAMMAROSANO, Márcio (Coord.). Direito ambiental e urbanístico: estudos do Fórum Brasileiro de Direito Ambiental e Urbanístico. Belo Horizonte: Fórum, 2010, p. 11-19, p. 13.

67.   Coativo-sancionadora, na acepção kelseniana.

68.   Construtivo e operativo no sentido de que confere unidade, exprime prescrições coativas-sancionadoras, delineia e fundamenta a operação das normas jurídicas.

69.   Anota Victor Carvalho Pinto que "a Constituição de 1988 foi a primeira no Brasil e talvez seja a única no mundo a tratar diretamente da política urbana". PINTO, Victor Carvalho.

social de seus habitantes. Este postulado, em rigor, este princípio jurídico, esta norma base expressa-se pelo que se denomina de "funções sociais da cidade".

Resta, assim, inequívoco que é uma norma jurídica constitucional, explicitamente posicionada no âmbito do capítulo da política urbana, que não requer para sua produção de efeitos normas infraconstitucionais e nem pode por estas ser limitada, razão pela qual é daquelas de eficácia plena[70].

Conseguintemente, apesar de ser fenômeno social complexo, que permeia diversas ciências, confirma-se, assim, a sua natureza jurídica, ou seja, seu conteúdo, sua substância, que é, por assim dizer, normativa, especialmente no sentido de que deve ser extraída do conjunto de normas jurídicas postas que incidem, sistematicamente, sobre a matéria, em suas relações de validade e complementariedade.

Ademais, pela própria disposição altamente aberta, que atinge inúmeros comportamentos destinados à regulação e disciplina das relações jurídicas das atividades urbanísticas[71] como um todo, além de incutir no sistema valores – da funcionalidade e do seu aspecto social – que irão permear as diversas normas – gerais e concretas – que relacionadas à esta matéria. A norma princípio é caracterizada, assim, para além do comum caráter prescritivo, imperativo, por sua elevada abstração, densidade valorativa – por que incorpora ao ordenamento finalidades e programas a serem alcançados – e fundamentabilidade.[72]

Direito urbanístico: plano diretor e direito de propriedade. São Paulo: Revista dos Tribunais, 2005, p. 117.

70. Convém aventar que, aparententemente em sentido contrário, José Afonso da Silva, analisando norma semelhante – no caso a função social da propriedade – sustenta ser da espécie programático, vez que "procuram dizer para onde e como se vai, buscando atribuir fins ao Estado, esvaziado pelo liberalismo econômico".

71. O termo "atividade urbanística" aqui é utilizado no mesmo sentido explicitado por José Afonso da Silva, qual seja, como "uma função do Poder Público que se realiza por meio de procedimentos e normas que importam transformar a atividade urbana". SILVA. *Direito urbanístico brasileiro*, p. 71.

72. Não se pode deixar de mencionar ZAGREBELSKY, para quem a noção de princípio puxa, necessariamente, a de razoabilidade e ponderação para a qual "situarse frente al derecho constituye solamente una actitud, una predisposición hacia soluciones dúctiles que tomen en consideración todas las razones que pueden reivindicar buenos principios en su favor. No es cambio, la "clave" para resolver todo problema jurídico, como si tratase de una fórmula que permitiera obtener la solución de un problema matemático. Busca la respuesta más adecuada para las expectativas legítimas y, por ello, está abierto al enfrentamiento entre todas las posiciones que remiten a principios vigentes en el derecho... supone que hay que poner en marcha procedimientos leales, trasparentes y responsables

Desta forma, conclui-se por ser "funções sociais da cidade" uma norma jurídica princípio[73] constitucional[74], explícita e de eficácia plena, disposta

---

que permitan confrontar los principios en juego y que hay que seleccionar una "clase jurídica" (en los órganos legislativos, judiciales y forenses, administrativos, etc.) capaz de representar principios y no sólo desnudos intereses o meras técnicas. Éstas son las condiciones para el triunfo de la prudencia en el derecho." ZAGREBELSKY, Gustavo. El *Derecho Dúctil. Ley, Derechos y Justicia.* Madrid: Trotta, 1995, p. 123.

73. Apesar de firmados em outras premissas, igualmente, sustentam a natureza de norma princípio para as funções sociais da cidade: COSTA, Regina Helena. Princípios de direito urbanístico na Constituição de 1988. In: DALLARI, Adilson Abreu; FIGUEIREDO, Lúcia Valle (Coord.). *Temas de direito urbanístico 2.* São Paulo: Revista dos Tribunais, 1991. p. 109-128. DI SARNO, Daniela Campos Libório. *Elementos de direito urbanístico.* Barueri: Manole, 2004. CARVALHO FILHO, José dos Santos. *Comentários ao estatuto da cidade:* Lei nº 10.257, de 10.07.2001 e medida provisória nº 2.220, de 04.09.2001. 2. ed. rev. e atual. Rio de Janeiro: Lumen Juris, 2006. SAULE JÚNIOR, Nelson. *Novas Perspectivas do Direito Urbanístico Brasileiro.* Ordenamento Constitucional da Política Urbana. Aplicação e Eficácia do Plano Diretor. Porto alegre: Sergio Antonio Fabris Editor, 1997. SAULE JÚNIOR, Nelson. *A Proteção Jurídica da Moradia nos Assentamentos Irregulares.* Porto Alegre: Sergio Antônio Fabris, 2004. MUKAI, Toshio. *Temas atuais de direito urbanístico e ambiental.* Belo Horizonte: Fórum, 2004. HUMBERT, Georges Louis Hage. O estudo do impacto de vizinhança como instrumento de proteção ao meio ambiente cultural. Fórum de Direito Urbano e Ambiental – FDUA, v. 5, n. 27, p. 3323-3326, maio/jun. 2006. Ao derredor de instituto próximo, a saber, a função social da propriedade, também sustentam ser norma princípio, ressalvada, repita-se, a devida peculiaridade de cada abordagem: GRAU. *A ordem econômica na Constituição de 1988*: interpretação e crítica, p. 247; ROCHA. *Função social da propriedade pública*, p. 73; LÓPEZ Y LÓPEZ. *La disciplina constitucional de la propiedad privada*, p. 72; ESCRIBANO-COLLADO. *La propiedad privada urbana:* encuadramiento y régimen, p. 122-123; DI SARNO. *Elementos de direito urbanístico*, p. 47; SUNDFELD. Função social da propriedade. In: BACELLAR FILHO; MOTTA; CASTRO (Coord.). Direito administrativo contemporâneo: estudos em memória ao professor Manoel de Oliveira Franco Sobrinho, p. 12-13. Também ROCHA. O princípio constitucional da função social da propriedade. In: BACELLAR FILHO; MOTTA; CASTRO (Coord.). Direito administrativo contemporâneo: estudos em memória ao professor Manoel de Oliveira Franco Sobrinho, p. 55-104.

74. Urge consignar que José Afonso da Silva se vale do termo princípio constitucional para classificar determinadas qualidades específicas das normas jurídicas, a saber, sua posição no âmbito de determinada constituição. Por esse critério, analisando a Constituição Federal de 1988, os princípios constitucionais podem ser catalogados em duas categorias: princípios políticos e princípios jurídicos. Os primeiros constituem-se daquelas decisões políticas fundamentais concretizadas em normas conformadoras do sistema constitucional positivo, das quais derivam as normas particulares que regulam relações específicas da vida social. Por sua vez, os segundos são os princípios constitucionais gerais, informadores da ordem jurídica nacional. Ambos, por sua vez, são desdobramentos do que denomina princípios fundamentais, aos quais atribuiu a seguinte classificação: a) *princípios relativos à existência, forma, estrutura e tipo de Estado*: República Federativa do Brasil, soberania, Estado Democrático de Direito (art. 1º); b) *princípios relativos à forma de governo e à organização dos poderes*: República e separação dos poderes (arts. 1º e 2º); c) *princípios relativos à organização da sociedade*: princípio da livre organização

no art. 182 que inaugura o capítulo da política urbana[75], o qual está inserido no Título VII, que trata da ordem econômica e financeira da Constituição da República Federativa do Brasil em vigor.

---

social, princípio de convivência justa e princípio da solidariedade (art. 3º, I); d) *princípios relativos ao regime político*: princípio da cidadania, princípio da dignidade da pessoa, princípio do pluralismo, princípio da soberania popular, princípio da representação política e princípio da participação popular direta (art. 1º, parágrafo único); e) *princípios relativos à prestação positiva do Estado*: princípio da independência e do desenvolvimento nacional (art. 3º, II), princípio da justiça social (art. 3º, III) e princípio da não discriminação (art. 3º IV); f) *princípios relativos à comunidade internacional*: da independência nacional, do respeito aos direitos fundamentais da pessoa humana, da autodeterminação dos povos, da não-intervenção, da igualdade dos Estados, da solução pacifica dos conflitos e da defesa da paz, do repúdio ao terrorismo e ao racismo, da cooperação entre os povos e o da integração da América Latina (art. 4º). SILVA, José Afonso da. *Curso de direito constitucional positivo.* São Paulo. Malheiros, 1999, p. 98. Neste sentido, as funções sociais da cidade seriam uma norma princípio constitucional fundamental, conforme se sustentará no capítulo IV.

75. A relação entre Direito e Política é inafastável. Os elementos de intersecção são, sem dúvidas, a relação de poder e o Estado. Todavia, são ciências sociais que não se confundem. Verbaliza Celso Ribeiro Bastos: "o Poder Político exerce uma função transcendente desde logo na própria Constituição do Estado. Este nada mais é que uma comunidade transformada pelo exercício sobre ela do Poder Político." BASTOS. *Curso de direito constitucional,* 2002, p. 22. Vale dizer, a Ciência Política tem por objeto o conjunto de fenômenos relativos ao Estado. Este "é a mais complexa das organizações criadas pelo homem". É simultaneamente um fato social e também jurídico, "organização política sob a qual vive o homem moderno. Ela caracteriza-se por ser a resultante de um povo vivendo sobre um território delimitado e governado por leis que se fundam num poder não sobrepujado por nenhum outro externamente e supremo internamente". BASTOS. *Curso de teoria do Estado e ciência política,* p. 48. Este poder – o Direito – materializa-se na Constituição. Do exposto, pode-se concluir, com Maria Paula Dallari Bucci, que "(...) adotar a concepção de políticas públicas em direito consiste em aceitar um grau maior de interpenetração entre as esferas jurídicas e política ou, em outras palavras, assumir a comunicação que há entre os dois subsistemas, reconhecendo e tornando públicos os processos dessa comunicação na estrutura institucional do poder, Estado e Administração Pública. " Logo, a Política é realidade externa ao Direito. Contudo, com este se relaciona. E, ao ser inserido no ordenamento jurídico mediante o processo interno correspondente, torna-se fato jurídico, normado, a ser, desta forma, objeto de estudo da ciência jurídica. Valendo-se da judiciosa preleção de Konrad Hesse: "A Constituição jurídica não configura apenas a expressão de uma dada realidade. Graças ao elemento normativo, ela ordena e conforma a realidade política e social". HESSE. *A força normativa da Constituição,* p. 24. Assim, a compreensão do tema "Política Urbana" deve se dar mediante o que se extrai do quanto positivado no ordenamento jurídico, no caso, dos artigos 182 e 183 da Constituição brasileira. Ainda sobre a complexa relação entre Política e Direito, importante consignar que Ferdinand Lassale, com certa dose de exagero, afirmou, consoante anuncia Hesse, que questões constitucionais não são questões jurídicas, mas sim questões políticas. O próprio Hesse parece aderir, ainda que em parte, a este posicionamento ao asseverar que "questões constitucionais não são, originariamente, questões jurídicas, mas sim ques-

Isto significa que, como é próprio e essencial nas normas jurídicas, têm elas no seu bojo a outorga de obrigações, permissões, faculdades, atribuições e o seu descumprimento causa a correspondente consequência sancionadora, a qual poderá ser imputada e exigida mesmo contra a vontade do infrator.

Translada-se, desta forma, o conteúdo jurídico das "funções sociais da cidade" no ordenamento brasileiro em vigor, partir da utilização dos pressupostos de conhecimento do direito destrinchados alhures e da identificação natureza jurídica do objeto do instituto em apreciação, mesmo porque "quando não está em nosso poder discernir as mais verdadeiras opiniões, devemos seguir as mais prováveis; e, ainda que não observemos mais probabilidade numas do que nas outras, devemos mesmo assim nos decidir por algumas, e considerá-las a seguir não mais como duvidosas, na medida em que se relacionam à prática, mas como muito verdadeiras e muito certas, porque a razão que nos fez decidir por elas se apresenta como tal."[76]

Compreende-se, pelo exposto, que a presente tese, procurando descrever "as funções sociais da cidade" no sistema jurídico brasileiro e "descobrir a falsidade ou a incerteza das proposições que examina, não por frágeis conjecturas, mas por raciocínios – que se espera – claros e seguros"[77], permite, ela mesmos, ser falseada, revelada incerta, pelo que cultiva a razão e pretende avançar no conhecimento duma verdade científica, segundo método por ela externado[78].

Enfeixados por essas inferências, os capítulo derradeiros terão tem por desígnio destrinchar esta qualidade da norma princípio jurídico

---

tões políticas. " Entretanto, o citado constitucionalista alemão esclarece em seguida que esta concepção não prevalecerá quando admitida a força própria inerente à constituição: sua força normativa. Ou seja, existe, ao lado do poder determinante das relações fáticas — inclusive as políticas — uma força determinante das normas constitucionais, portanto, normativa, juspositiva, e que com aquele não se confunde – mas se relaciona. HESSE. A força normativa da Constituição, p. 9-10. Confira-se, com maior divagar, a posição do autor da tese sobre o tema: HUMBERT, Georges Louis Hage. O *direito e o fenômeno político*. Revista Novatio Iuris, n.º 3, jul – 2009.

76. DESCARTES, René. *Discurso do método*. Porto Alegre: L&PM, 2010, p. 61-62.
77. Idem, p. 65.
78. Idem, p. 63 Ainda com Descartes e parafraseando-o, aos interlocutores desta tese é preciso ter em mente que a mesma "extremamente sujeito(a) a falhar" e que a todos, inclusive ao próprio autor, é dado que, como qualquer outro trabalho científico, "quase nunca confie(-se) nos primeiros pensamentos que (dela) vem". Idem. p. 108. Porém, ao contrário deste filósofo clássico, tem-se que se espera obter proveitos, aperfeiçoamento a partir das possíveis, em rigor, inexoráveis e desejadas objeções, por força mesmo do avanço do conhecimento científico.

constitucional de funções sociais da cidade, descrevendo o seu sentido e alcance, notadamente, quanto ao seu conteúdo prescritivo, consubstanciado por disposições imperativas, que ordenam condutas humanas, bem como seu âmbito de incidência, os seus destinatários e as possíveis consequências pelo não cumprimento dos seus comandos, sem olvidar, porém, a sua posição e relevância dogmática, por ser útil à ciência do direito.

Capítulo III

Sentido de funções sociais da cidade

1. A IMPORTÂNCIA DA QUESTÃO TERMINOLÓGICA PARA A OBTENÇÃO DO SENTIDO DE FUNÇÕES SOCIAIS DA CIDADE

As normas jurídicas, como diversos outros fenômenos humanos ou sociais, são expressadas através de signos, de palavras, de rótulos, enfim, por intermédio de formas comunicação, da linguagem, com as suas variáveis terminológicas.

Segundo Marilena Chauí,

> Na abertura da sua obra *Política*, Aristóteles afirma que somente o homem é um "animal político", isto é, social e cívico, porque somente ele é dotado de linguagem. Os outros animais, escreve Aristóteles, possuem voz (*phone*) e com ela exprimem dor e prazer, mas o homem possui a palavra (*logos*) e, com ela, exprime o bom e o mau, o justo e o injusto. Exprimir e possuir em comum esses valores é o que torna possível a vida social e política e, dela, somente os homens são capazes[79].

Conforme relato da citada autora, Rousseau, por sua vez, no primeiro capítulo do *Ensaio sobre a origem das línguas*, assevera que "A palavra distingue os homens dos animais; a linguagem distingue as nações entre si. Não se sabe de onde é um homem antes que ele tenha falado".[80]

Por isso, conclui-se com Chauí que "a linguagem é, assim, a forma propriamente humana da comunicação, da relação com o mundo e com os outros, da vida social e política, do pensamento e das artes. "[81], pelo que passa a ser objeto de estudo de uma ciência própria: a Linguística[82].

---

79. CHAUÍ, Marilena. *Convite à Filosofia.* São Paulo: Ática, 2000, p. 172.
80. Idem
81. CHAUÍ, Marilena. *Convite à Filosofia.* São Paulo: Ática, 2000, p. 173.
82. Enfatiza Chauí que "Durante o século XIX, o estudo da linguagem ou linguística tinha como preocupação encontrar a origem da linguagem e das línguas, considerando o estado presente ou atual de uma língua como resultado ou efeito de causas situadas no passado. " Ainda segundo a filósofa, "tais estudos, porém, viram-se diante de problemas que

Independentemente de ser tema multifacetado, não acometido precipuamente no âmbito do objeto próprio da ciência jurídica, a persecução da questão terminológica não pode ser olvidada pelo seu pesquisador[83]. Não é nímio reiterar que seu objeto de estudo — as normas jurídicas — é externado mediante linguagem.

Como preleciona Hospers[84], qualquer palavra ou expressão é conveniente, na medida em que nos colocamos de acordo sobre ela e a usamos de maneira adequada. As palavras ou expressões manifestam, somente, o estabelecido, convencionalmente, pela linguagem comum ou científica e não estão ligadas a exclusivas essências conceituais, determinadas como verdadeiras e únicas.

Incontroverso, como aclara Bonavides, que "a imprecisão de ordem semântica é responsável nessa matéria por uma série inumerável de equívocos, que comprometem de algum modo a doutrina exposta pelos tratadistas e diminui a de algumas obras, das incompreensões que, nelas, o uso de certos vocábulos pode suscitar"[85].

É inquestionável, portanto, que este fato metajurídico – a questão terminológica – apresenta reflexo na operação das normas jurídicas, tanto no âmbito dogmático como na atividade concreta dos denominados intérpretes autênticos.

---

não conseguiam resolver. Um desses problemas foi o aparecimento do estudo das flexões (tempos verbais, maneira de indicar o plural e o singular, aumentativos e diminutivos, declinações), revelando que as línguas mudavam por razões internas e não por fatores externos". Porém, "A partir do século XX, uma nova concepção da linguagem foi elaborada pela linguística", com inúmeros pontos principais, sendo um fenômeno altamente complexo, pois que é' algo social, histórico, determinado por condições específicas de uma sociedade e de uma cultura". CHAUÍ, Marilena. *Convite à Filosofia*. São Paulo: Ática, 2000, p. 182-185.

83. Tércio Sampaio Ferraz Júnior disserta que "a determinação do sentido das normas, o correto entendimento do significado dos seus textos e intenções, tendo em vista a decidibilidade de conflitos, constitui a tarefa da dogmática hermenêutica (...) O propósito básico do jurista não é simplesmente compreender um texto, mas também determinar-lhe a força e o alcance". Ferraz Júnior, Tércio Sampaio. Introdução do Estudo do Direito – Técnica, Decisão e Dominação. São Paulo, Atlas, 1994, p. 256. Lourival Vilanova estabelece que "para que exista lógica jurídica é indispensável que exista linguagem, pois com a linguagem são postas as significações" VILANOVA. *As estruturas lógicas e o sistema de direito positivo*, p. 27.

84. HOSPERS, John. *Introducción al Análisis Filosófico*, Tomo I. Buenos Aires, Abeledo Perrot, 1966, p. 35.

85. BONAVIDES, Paulo. *Do estado liberal ao estado social*. São Paulo: Malheiros, 2011, p. 182.

Não por outra razão, diversos estudiosos de nomeada se debruçam sobre este tormentoso tema, sustentando, inclusive, ser o conhecimento e aplicação do direito – isto é, a atividade descritiva do cientista e a atividade prescritiva do intérprete – confundida e indissociável com atividade de compreensão da linguagem[86].

Quanto ao tema, Carrió manifesta ao menos duas preocupações:

> Nem sempre os autores de Teoria Geral do Direito, no tratamento dos conceitos básicos, ocupam-se de elucidar noções que são de uso frequente entre os juristas dogmáticos. Alguns dos conceitos são simplesmente criados pelos teóricos, ou seja, introduzidos e definidos com a finalidade de apresentar os fenômenos do direito, na perspectiva considerada mais esclarecedora ou mais rica em consequências teóricas. Tal medida tem por consequência a aceitação tácita de pressupostos por parte dos juristas, o que favorece o caos terminológico, vez que,

---

86. Sobre a questão, confira-se o que diz Paulo de Barros Carvalho: "Sejamos coerentes com a premissa escolhida. Se fixamos o pressuposto de que o direito positivo é uma camada linguística, vazada em termos prescritivos, com um vetor dirigido ao comportamento social, nas relações de intersubjetividade, nada mais natural que apresentarmos a proposta e interpretação do direito como um sistema de linguagem. E o conhecimento de toda e qualquer manifestação de linguagem pede a investigação de seus três planos fundamentais: a sintaxe, a semântica e a programática. Só assim reuniremos condições de analisar o conjunto de símbolos gráficos e auditivos que o ser humano emprega para transmitir conhecimentos, ordens, emoções ou formular perguntas. E a linguagem do direito positivo é transmissora de ordens, substanciadas em direitos e deveres garantidos por sanções. " E segue: "(...) por analogia aos símbolos linguísticos quaisquer, podemos dizer que o texto escrito está para a norma jurídica tal qual o vocábulo está para sua significação. Nas duas situações, encontraremos o suporte físico que se refere a algum objeto do mundo (significado) e do qual extraímos um conceito ou juízo (significação). Assim "a norma jurídica é exatamente o juízo (ou pensamento) que a leitura do texto provoca em nosso espírito. Basta isso para nos advertir que um único texto pode originar significações diferentes, consoante as diversas noções que o sujeito cognoscente tenha dos termos empregados pelo legislador. Ao enunciar os juízos, expedindo as respectivas proposições, ficarão registradas discrepâncias de entendimento dos sujeitos, a propósito dos termos utilizados. " CARVALHO, Paulo de Barros. *Curso de Direito Tributário*. 16 ed. São Paulo: Saraiva, 2004 p. 98-99. No mesmo sentido, Marcelo Neves reverbera: "no seu aspecto sintático interessam especificamente as interconexões entre os signos normativos, pondo-se entre parênteses os seus significados específicos e os objetos ou situações objetivas a que se referem, como também os emitentes e destinatários da mensagem normativa. A dimensão semântica diz respeito à relação entre o signo normativo e sua significação (aspecto conotativo), ou à relação entre o signo normativo e os objetos ou situações objetivas a que se refere (aspecto denotativo). A pragmática evidencia o relacionamento dos signos normativos com seus utentes, ou seja, os emitentes e destinatários das mensagens, revelando o aspecto discursivo-dialógico da linguagem jurídica" NEVES, Marcelo. *Teoria da Inconstitucionalidade das Leis*. São Paulo: Saraiva, p. 21.

dissociados da prática, os conceitos por vezes são mal empregados ou simplesmente caem em desuso.[87]

Permanecendo com a doutrina de Carrió[88], não se pode omitir que

> [...] nem sempre os juristas que trabalham nas disciplinas dogmáticas se limitam a *usar* as expressões de nível intermediário. Ocupando-se delas, com o propósito de defini-las e descrever suas relações recíprocas, acabam por avançar no campo da Teoria Geral do Direito e produzir definições imprecisas, dado que voltadas a um ramo específico de atuação, desprovendo o conceito recém-criado do escopo geral que necessariamente deve ostentar.

Identificadas essas demandas, conclui o aludido autor que:[89]

> [...] na linguagem cotidiana dos juristas, cada um desses termos parece presidir, por assim dizer, uma família de expressões ou palavras aparentadas entre si. As relações internas de cada família estão longe de serem precisas. Não se sabe se alguns de seus membros são reciprocamente substituíveis, e se não são, por que não são. Vige verdadeiro caos terminológico, que sugere a existência de verdadeiro caos conceitual.

Da relevância do aspecto linguístico, dos conceitos, enfim, da terminologia jurídica, ocupou-se Márcio Cammarosano, indicando que formular definições jurídicas é tarefa difícil. Mas, enfrentando a questão cientificamente e buscando evitar esse caos a que Carrió se refere, salienta-se que, de todo modo, quando uma definição é prolatada pelo cientista do Direito, trata-se de descrição de conceito jurídico-positivo, de sorte que deve ser extraída do ordenamento posto, com objetivo de se fixar seu sentido técnico, desvendando-se a sua significação normativa.[90]

---

87   CARRIÓ, Genaro R. Nota preliminar. *In:* HOHFELD, W. N. *Conceptos jurídicos fundamentales.* Buenos Aires: Centro Editor de América Latina, 1968, p. 8-10.

88.   Idem.

89.   Ibidem.

90.   CAMMAROSANO. *Provimento de cargos públicos no direito brasileiro,* p. 9. Noutro sentido há quem sustente ser este um problema ideológico. Luis Alberto Warat, depois de discorrer sobre a influência da ideologização na formação e conformação da linguagem — o que não se nega — assevera, a nosso ver sem razão, que: "hoje é necessária uma leitura ideológica do Direito para explicá-lo e orientá-lo devidamente para as transformações. Existe uma correlação forçosa entre linguagem e a ideologia, que se projeta no campo jurídico". Disto resulta, ainda com essa doutrina, que os modelos ideológicos provocam alterações significativas nos signos, desaparecendo a univocidade significativa, aparecendo os estereótipos, dotados de alta carga emocional e valorativa em detrimento da racionalidade e que aparecem na aplicação e interpretação normativa. Nas suas conclusões, defende abertamente o citado jurista que "la ciencia del Derecho debe asumir

De igual modo, intenta Lourival Vilanova, para quem "(...) o ordenamento jurídico positivo, como linguagem, é um sistema de símbolos do discurso comum e técnico". Ou seja, "(...) como sistema de símbolos, o Direito positivo é conjunto, cujos elementos são do domínio da linguagem".[91]

Este sistema, diga-se, é composto por normas de direito positivo, como proposições jurídicas inter-relacionadas e com um mesmo ponto final de referência, qual seja, o fundamento de validade, vigente em determinado território, com um mínimo de eficácia social. Donde se extrai, retomando Vilanova, que "o jurista dogmático, que trabalha no interior do sistema, que interpreta e o aplica, diante de uma lei, decreto ou sentença, regredirá ao modo de construção de normas para saber se pertencem ou não ao sistema".[92]

Sob esse matiz, firma-se que a investigação quanto os signos que expressam e comunicam o conteúdo nomogenético[93] não se trata de mero prélio vocabular ou uma logomaquia.

Com efeito, a natureza dos fatos juridicamente relevantes, assim considerados aqueles merecedores de disciplina jurídica normativa, desponta-se do regime jurídico a que são submetidos, logo do conjunto de prescrições que sobre ela recaem e não pela designação recebida[94]. Por isto não se olvida, a respeito, a lição de Pontes de Miranda segundo a qual "na exposição científica do Direito não podemos deixar que a terminologia perturbe o sistema jurídico ou a visão dele".[95]

---

con autenticidad el transfundo ideológico de sus mostraciones, traspasando los límites actuales de la dogmática. En este sentido la teoría definitoria y el análisis lingüístico sólo pueden cumplir una importante misión clarificadora". WARAT; MARTINO. *Lenguaje y definición jurídica,* p. 25. Tradução livre. Consoante transparece das próximas linhas, não se coadunar com esta posição nesta tese. Com efeito, a despeito de ser verdadeira a influência ideológica e social no que tange ao significado das palavras, enfim, no uso da linguagem – incluindo-se aqui a do jurista –, esta não é, e nem pode ser, o objeto de estudo do cientista do direito, sob pena de incidir-se no sincretismo metodológico a que alude Kelsen, e, consequentemente, anulando-a da condição de ciência. KELSEN. *Teoria pura do direito,* p. 2.

91. VILANOVA. *As estruturas lógicas e o sistema de direito positivo,* p. 265.
92. VILANOVA. *As estruturas lógicas e o sistema de direito positivo,* p. 269.
93. No sentido aplicado por REALE, Miguel. *Teoria tridimensional do direito.* São Paulo: Saraiva, 2000.
94   "A incidência da regra jurídica é que torna jurídicos os bens da vida" PONTES DE MIRANDA, Francisco Cavalcante. *Tratado de Direito Privado,* vol. 1. Rio de Janeiro: Borsói, 1970, p. XVII.
95. PONTES DE MIRANDA, Francisco Cavalcante. *Tratado de Direito Privado,* vol. 22. Rio de Janeiro: Borsói, 1958, p. 13.

Assim, tem-se que investigar, dentro do ordenamento jurídico estudado, interpretado ou aplicado – no caso o brasileiro, com proeminência para a norma fundamental em vigor – aqui a Constituição da República Federativa do Brasil de 1988, quais os significados de adotar a terminologia "função", "social" e "cidades", nos seus possíveis aspectos, buscando extrair, a partir daí o conteúdo da expressão conjugada "funções sociais da cidade", ínsita ao *sistema* jurídico.[96]

Neste diapasão, referida tarefa se afigura longe de ser mera conjugação de palavras desprovidas de sentido normativo prescritivo, conforme se sustenta desde as primeiras linhas desta tese – com a consequência lógica e estrutural de se relacionar com outras normas e, ainda, conter, direta ou indiretamente, ou melhor, primária ou secundariamente, a determinação de condutas permitidas, proibidas, facultadas ou atribuídas, bem como as respectivas consequências para o eventual inadimplemento destas.

Ora, mesmo que não encontremos expressamente referida no dispositivo constitucional que expressa as "funções sociais das cidades" toda a sua substância normativa, trata-se de verdadeiro conceito jurídico-positivo,[97] extraível de uma análise e interpretação exclusiva e sistemática da ordem jurídica vigente e normas que as compõe. Quer dizer que como conceito jurídico-positivo que é, resulta do "(...) delineamento legal de uma situação determinada, tendo em vista gizar o campo de aplicação de um sistema de normas".[98]

Retoma-se: os termos "função", "social", e "cidade", são, isoladamente, exaustivamente referidos nos diplomas legais do Brasil. Mas não se encontra, é verdade, de forma pronta e acabada, menção explícita aos comandos, às determinações, decorrentes das "funções sociais da cidade", elevadas a categoria de instituto referência do regime jurídico da política urbana constitucional.

---

96. Mesmo porque, "dir-se-á que o discurso jurídico pode ser reconhecido como tal se comportar, de maneira recorrente, certo número de propriedades estruturais que o diferenciam ao mesmo tempo dos discursos cotidianos de qualquer natureza e dos discursos segundos que possuem outras propriedades específicas" GREIMAS, Algirdas Julien. *Semiótica e Ciências Sociais*. São Paulo: Cultrix, 1981, p. 76

97. Aqui considerados na acepção de Celso Antônio Bandeira de Mello, para quem os conceitos jurídico-positivos "(...) consistem em qualificações de uma realidade para efeitos de direito. Referem-se à atribuição de um 'sentido especial' àquelas realidades: justamente o de produzir determinados efeitos em decorrência da situação normativa que os colhe". BANDEIRA DE MELLO. *Natureza e regime jurídico das autarquias*, p. 78.

98. BANDEIRA DE MELLO. *Natureza e regime jurídico das autarquias*, p. 78.

Isto não significa, por si só, que não se trate de norma jurídica, pois os conceitos jurídicos "existirão sempre que se possa localizar no sistema normativo um complexo de normas possíveis de constituir uma unidade, isto é, sempre que caracterize algo para efeitos de direito".[99]

Colige-se e se ratifica, por tudo já exposto, que as "funções sociais da cidade" são, portanto, expressão qualificada como norma jurídica e não uma mera elucubração ou criação extrajurídica. Tais quais outros predispostos no sistema, "é conceito, vale dizer, representação intelectual de objeto, ou, mais precisamente, conceito jurídico, que, por definição, representa objeto jurídico, assim como os conceitos pessoa jurídica, credor, comerciante, domicílio etc."[100]

Inolvidável, à guisa de conclusão, a elocução de José Afonso da Silva[101] para quem

> [...] não são as palavras nem as frases que dão sentido à Constituição. Esta, como texto jurídico, é que é uma unidade de sentido, de sorte que as normas que a compõem recebem seu sentido a partir do sentido do todo, ainda que, por uma interação dialética entre texto e contexto, cada um dê sentido ao outro...

Numa sentença: o significado jurídico, isto é, a capacidade imperativa das "funções sociais da cidade", conforme posta pelo ordenamento jurídico brasileiro, é definida a partir de inferências das normas jurídicas válidas deste. Encontra-se expressada, ainda que de forma implícita, nas disposições constitucionais e infraconstitucionais gerais e abstratas que, por sua vez, fundamentarão uma série de atos normativos individuais necessários para a disciplina da vida em sociedade, consoantemente ditames do estado soberano democrático de direito brasileiro. É, ao menos, o que se pretende demonstrar neste capítulo.[102]

---

99. Idem.

100. CAMMAROSANO. *Provimento de cargos públicos no direito brasileiro*, p. 4. De rigor firmar que o citado autor se vale desta construção doutrinária para tratar do conceito jurídico de cargo e função — por isto mesmo, ao contrário do supratranscrito, a frase do original encontra-se no plural. Construção esta, frise-se, que se entende ser plenamente aplicável à espécie ora em debate.

101. Silva, José Afonso da. *Comentário Contextual à Constituição*. São Paulo: Malheiros, 2007, p. 15.

102. Imperioso, sobre o tema, trazer à colação a investigação de Celso Antônio Bandeira de Mello, segundo a qual, sendo as palavras "meros rótulos que sobrepomos às coisas, nenhum jurista pode reivindicar para si o direito de formular uma noção que seja a verdadeira, excludente de quaisquer outras, pois isto equivaleria a irrogar-se a qualidade de legislador, ou seja, a inculcar-se o poder (auto-atribuído) de delimitar o âmbito de

abrangência que a lei não circunscreveu de modo unívoco". Prossegue sustentando que "os conceitos jurídicos, em geral, ... não são mais que termos relacionadores de normas, pontos de aglutinação de efeitos de direito. Não passam, então, de sistematizações, de classificações. Como o direito resume-se a 'imputar certas consequências a determinados antecedentes', o trabalho do jurista consiste em conhecer a disciplina aplicável às diversas situações. Ora, o procedimento lógico requerido para organizar tal conhecimento e torná-lo produtivo, eficiente, supõe a identificação das situações aparentadas entre si quanto ao regime a que se submetem". Assevera, na sequência, que "cada bloco ou grupo de situações parificadas pela unidade de tratamento legal recebe – para fins de organização do pensamento – um nome, que é a rotulação de um conceito; vale dizer: o simples enunciado da palavra evoca no espírito uma noção complexa, formada pelos diversos elementos agregados em uma unidade, que deram margem ao conceito jurídico. Este, portanto, nada mais é que a sistematização, a organização, a classificação, portanto, mediante a qual foram agrupados mentalmente, em um todo unitário, determinados acontecimentos qualificados pelo Direito". E conclui: "Em suma, cada conceito é um conjunto. O critério de inclusão ou de exclusão de alguma realidade para formar o conjunto (o conceito) muitas vezes é dado pelo direito positivo, ao passo que, outras vezes, não nos é fornecido por ele. Quando é outorgado pelo próprio direito positivo, o estudioso já encontra pronta, organizada previamente, uma relação de situações que o direito unificou ao eleger, por antecipação, os fatores que ditam a intrusão de tais ou quais realidades jurídicas, de tais ou quais 'fatos', dentro do conjunto (conceito). Assim sucede por exemplo, quando conceitua 'compra e venda', 'hipoteca', 'doação', etc. Sabemos que algo se subsume a estas noções, a estas categorias (é dizer: a estes conceitos) quando reproduz os traços que a lei elegeu como necessários e bastantes para que se tenha por presente a figura em apreço. Diversamente, quando a lei não aglutina previamente certas realidades debaixo de uma nomenclatura, é o estudioso do Direito quem trata de promover estas aglutinações. Para tanto, toma (ou pelo menos deve tomar) como referenciais uma coleção de traços arrecadados pelo direito positivo e, com base neles, constrói o conceito jurídico que lhe interessa. Este funciona como continente de um plexo de situações e realidades em que comparecem os traços que – consciente ou inconscientemente – adotou como radicais dos 'fatos' erigidos em conteúdo do conceito que formula". Ocorre que "os traços colecionados por quem formula um conceito não são sempre os mesmos respigados por outro estudioso, surgindo daí, inevitavelmente, conceitos diversos, objetos de pensamento de diferentes extensões, ou por qualquer modo descoincidentes". Tais divergências "consistem em captação de diferentes objetos de pensamento, porque expressam coleta ou combinação de dados jurídicos diversos recolhidos no direito positivo. Só não são maiores ou mais numerosos os dissídios doutrinários ocorrentes porque há alguns pontos de referência que circunscrevem de algum modo o campo onde vão se ferir as controvérsias. Desde logo, ao procurarem formular um conceito, os doutrinadores estão cingidos aos dados do próprio direito positivo, portanto, aos efeitos de direito previstos nas regras contidas no interior do sistema jurídico que procuram conhecer. Além do mais, mesmo quando propugnam por noções discrepantes, o dissídio se processa exatamente porque – como se disse – organizam diferentemente, selecionam de modo vário os elementos que coletaram, os quais, todavia, são recolhidos a partir de alguma indicação. Esta, embora um tanto genérica ou imprecisa, de todo modo já circunscreve uma parcela do sistema jurídico positivo, reduzindo, assim, a arena onde vão se ferir os debates e proliferar as discórdias". "Há, pois", aduz, "múltiplos conceitos, porém todos, em algum ponto, percorrem a mesma linha. Alguma relação sempre existe entre eles, exatamente porque se estampam dentro de um campo circunscrito pela mesma moldura". Mello. Celso Antônio Bandeira de. *Ato administrativo e direito dos administrados,*

2. CONTEÚDO JURÍDICO DO TERMO "FUNÇÕES"

A expressão "função" abrolha, etimologicamente, do latim *functio*, cujo significado é de cumprir algo ou desempenhar um dever ou uma atividade. Mas no contexto jurídico, há outras variáveis para se considerar quanto ao significado desta expressão nos sistemas normativos.

Em efeito, relata Lourival Vilanova, "a palavra função sendo a mesma, no contexto de cada vocabulário técnico tem diferentes conotações. É codificada diferentemente".[103]

Segundo Santi Romano, as funções são os poderes que se exercem não por interesse próprio, ou exclusivamente próprio, mas por interesse de outrem ou por um interesse objetivo.[104]

Esta intelecção também consta de outra obra do mesmo autor, ao exarar que "poderes que são exercidos, não para os seus próprios interesses, ou pelo menos apenas a sua própria, mas para os interesses dos outros ou de um interesse objetivo".[105]

Segue a mesma linha a clássica lição de Renato Alessi, para quem " O poder do Estado, de fato, considerado como direcionado para esses fins de interesse coletivo e objeto de um dever legal em relação ao seu aplicador, constitui-se uma função de estado." [106]

Noutro giro, enaltecendo caráter de atividade, Dromi pronuncia que "*Las funciones del poder son las formas diversas bajo las cuales se manifiesta*

Editora Revista dos Tribunais, 1981, págs. 2-3. Noutro sentido, GRAU, Eros, *Direito, Conceitos e Normas Jurídicas,* São Paulo, Revista dos Tribunais, 1988. Para maiores divagações sobre o tema, veja-se, da doutrina nacional, por todos, ALVES, Alaôr Caffé, *Lógica – Pensamento formal e argumentação – Elementos para o discurso jurídico.* Bauru: Edipro, 2000 e MELLO, Celso Antônio Bandeira de. *Discricionariedade e Controle Jurisdicional.* São Paulo: Malheiros, 2003.

103. VILANOVA, Lourival. *As estruturas lógicas e o sistema de direito positivo.* 3. ed. São Paulo: Noeses, 2005.

104. ROMANO, Santi. Princípios de direito constitucional geral. São Paulo: RT, 1977, P. 115.

105. ROMANO, Santi, apud MODUGNO, Franco. *Enciclopédia Del Diritto,* XVIII, p. 1401. Tradução livre. No original: "Le potestà che sono esercitate, non per un interesse proprio, o almeno esclusivamente proprio, ma per un interesse altrui o per un interesse oggettivo".

106. Tradução livre. No original: "Il potere statuale appunto, considerato in quanto diretto a queste finalità di interesse collettivo ed in quanto oggetto di un dovere giuridico relativamente alla sua asplicazione, constitue una funzione statuale" Alessi, Renato. *Principi di Diritto Amministrativo,* I soggetti Attivi e L'esplicazione della Funzione Amministrativa – Vol. I. Milano: Giuffrè, 1978, p.3.

la actividad dominante del Estado, los diversos modos de ejercicio de la actividad estatal".[107]

Do mesmo modo, Fraga reafirma que *"El concepto de función se refiere a la forma y a los medios de La actividad del Estado. Las funciones constituyen la forma de ejercicio de las atribuciones".* [108]

Já Grau discorre que a "função é um poder que não se exercita exclusivamente no interesse do seu titular, mas também no de terceiros, dentro de um clima de *prudente arbítrio".*[109]

Para Léon Duguit[110] função é

> [...] toda atividade cujo cumprimento deva ser assegurado, regulamentado e controlado pelos governantes, porque o cumprimento desta atividade é indispensável para a realização e para o desenvolvimento da solidariedade social, e porque ela tem uma natureza tal, que só pode se realizar completamente pela intervenção da força governante.

E também indica o citado autor outro aspecto relevante, ao levantar que:

> *Individuo tiene la obligación de cumplir en la sociedad una cierta función en razón directa del lugar que en ella ocupa. Ahora bien, el poseedor de la riqueza, por lo mismo que posee. La riqueza, puede realizar un cierto trabajo que solo él puede realizar. Está, pues, obligado socialmente a realizar esta tarea, y no será protegido más que si la cumple y en la medida que la cumpla.*[111]

Granjeia-se, do até aqui transcrito, que a significante função pode assumir diversas acepções jurídicas.

Contudo, todas convergem sempre para um núcleo essencial que gravita em torno de dois sentidos síntese: numa denota o exercício do poder[112],

---

107. DROMI, José Roberto. *Instituciones de Derecho Administrativo.* Buenos Aires: Editoria Astrea de Rodolfo Depalma e Hnos, 1973, p.77.
108. FRAGA, Gabino. *Derecho Administrativo.* México: Editorial Porrúa, 1973, p.21.
109. GRAU, Eros Roberto. *A Ordem Econômica na Constituição de 1988.* 13ª ed. São Paulo: Malheiros, 2008, p. 243.
110. DUGUIT, León. *Manual de Derecho Constitucional,* Espanha: COMARES, 2005, p. 67. Tradução livre.
111. *Las Transformaciones Generales del Derecho Privado desde el Código de Napoleón.* Madrid: Librería Española y Extranjera, 1920, p. 177 – 178. Leon Muguet.
112. Segundo Carlos Ayres de Britto, tal expressão pode ser utilizada em três acepções: a) poder enquanto revelação da soberania (art.1º, parágrafo único da CF); b) poder enquanto órgão do Estado (art. 2º da CF); c) poder enquanto função (arts. 44, 76 e 92 da CF).

de competências, de atribuições, de uma espécie de atividade, com ascendência de compromisso, de verdadeira vocação para determinado mister ou, em suma, num plexo de deveres; noutra, aduz-se para demonstrar o objetivo de um modelo jurídico, certa maneira de operar um instituto, ou seja, o papel que um determinado fato ou instituto jurídico relevante cumprirá.

Ora, os poderes são outorgados para o cumprimento das funções. E isto, essa inquebrantável e inexorável conexão entre a função como forma de emanar e exercer poder, alicerçada ao dever de cumprimento de compromissos próprios de uma atividade ou atribuição para o qual o poder é outorgado, transcursa de um dado incomum: ambas dimanam das determinações legais, dos contornos que lhes são conferidos normativos e, em decorrência destes, se autolimitam, como uma espécie de superproteção inata ao próprio sistema jurídico.

A partir das lições de Celso Antônio Bandeira de Mello, insta concluir que o binômio dever-poder é apanágio que distingue a noção de função no âmbito jurídico-normativo. Abaliza o mencionado jurista:

> Tem-se função apenas quando alguém está assujeitado ao dever de buscar, no interesse de outrem, o atendimento a certa finalidade. Para desincumbir-se de tal dever, o sujeito de função necessita manejar poderes, sem os quais não teria como atender à finalidade que deve perseguir para a satisfação do interesse alheio. Assim, ditos poderes são irrogados, única e exclusivamente, para propiciar o cumprimento do dever a que estão jungidos; ou seja: são conferidos como meios impostergáveis ao preenchimento da finalidade que o exercente de função deverá cumprir.
>
> Segue-se que tais poderes são instrumentais: servientes do dever de bem cumprir a finalidade a que estão indissoluvelmente atrelados. Logo, aquele que desempenha função tem, na realidade, deveres-poderes.

Por isto saliente e inolvidável a noção de que onde há função

> [...] não há autonomia da vontade, nem a liberdade em que se expressa, nem a autodeterminação da finalidade a ser buscada, nem a procura de interesses próprios, pessoais. Há adscrição a uma finalidade previamente estabelecida, e, no caso de função pública, há submissão da vontade ao escopo pré-traçado na Constituição ou na lei e há o dever

BRITTO, Carlos Ayres. *Os sentidos do vocábulo "Poder" na Constituição Brasileira.* Revista de Direito Público, v. 61, p. 60-64, 1982.

de bem curar um interesse alheio, que, no caso, é o interesse público; vale dizer, da coletividade, como um todo...[113]

Destarte, nota-se, com firmeza, a primeira qualidade ínsita à noção de função jurídica: refere-se, em larga medida, ao exercício de poderes, dum feixe de atribuições pelo poder público, mas não se cinge a ela, consoante restará esclarecido.

Entretanto, cumpre de logo aclarar que o poder do Estado é uno e indivisível, havendo mesmo quem sustente que é totalmente inadequado falar-se numa separação de poderes, quando o que existe de fato é apenas uma distribuição de funções[114].

É reentrante a designação de competências[115], pela própria ordem jurídica constitucional e infraconstitucional brasileira, para representar esses círculos de atribuições acometidas aos entes e entidades públicas, seus órgãos e agentes, no exercício das denominadas das funções jurídicas, ou melhor, dos deveres-poderes, acometidos ao estado, através dos atos daqueles que em nome deste atuam.

---

113. MELLO, Celso Antônio Bandeira de. *Curso de Direito Administrativo*. São Paulo: Malheiros, 2011, p. 97-98. Vide também p. 27; 32-37; 71-73; 98-99; 984.

114. DALLARI, Dalmo de Abreu. *Elementos de Teoria Geral do Estado*. Editora Saraiva. 30ª edição. 2011, p. 215. Paulo Bonavides aponta que "todos os pressupostos estavam formados pois na ordem social, política e econômica a fim de mudar o eixo do Estado moderno, da concepção doravante retrógrada de um rei que se confundia com o Estado no exercício do poder absoluto, para a postulação de um ordenamento político impessoal, concebido segundo as doutrinas de limitação do poder, mediante as formas liberais de contenção da autoridade e as garantias jurídicas da iniciativa econômica." BONAVIDES, Paulo. *Ciência Política*. Malheiros Editores. 2007, p. 146. Desse modo, o princípio da separação de poderes se inaugura no moderno Estado de direito como forma de limitar um poder absoluto e onipotente de um executivo pessoal, o qual resumia, até então, toda a forma básica de Estado. Ibidem, p. 152. Como se sabe, apesar de ter sido inicialmente concebida por Aristóteles, o qual já considerava injusto e perigoso atribuir-se a um só indivíduo o exercício do poder, foi apenas com Montesquieu, no século XVIII, que a Teoria da Separação dos Poderes ganhou força. DALLARI, Dalmo de Abreu. *Elementos de Teoria Geral do Estado*. Editora Saraiva. Edição. 2011, p. 215.

115. Para efeitos desta testa, com Celso Antônio Bandeira de Mello, conceitua-se as competências como "o círculo compreensivo de um plexo de deveres públicos a serem satisfeitos mediante o exercício de correlatos e demarcados poderes instrumentais, legalmente conferidos para a satisfação de interesses públicos". MELLO, Celso Antônio Bandeira de. *Curso de Direito Administrativo*. São Paulo: Malheiros, 2011, p 144. Ao cabo, como explicam Enterría e Fernández, caracterizam-se por serem, em regra, de exercício obrigatório, irrenunciáveis, intransferíveis, imodificáveis pela vontade do próprio de titular e imprescritíveis. ENTERRÍA, Eduardo Garcia; FERNÁNDEZ, Tomás-Ramón. *Curso de derecho administrativo*, v. 1. Madri: Civitas, 1983. p. 421.

Em investigação sobre o tema, Fernanda Dias Menezes de Almeida, alerta preambularmente que "a Federação, a rigor é um grande sistema de repartição de competências. E essa repartição de competências é que dá substância à descentralização em unidades autônomas". [116]

De efeito, a forma de Estado federal é princípio fundamental da República Federativa do Brasil que, nos termos do art. 1º de sua Lei Maior, é formada pela união indissolúvel entre Estados e Municípios e do Distrito Federal. Desta forma, não há como falar em distribuição de competências constitucionais, conseguintemente, em deveres-poderes e funções, ao menos neste sentido, sem que seja sob a égide do citado princípio.

É certo que "a repartição regional de poderes autônomos constitui o cerne do conceito de Estado federal".[117] Esta se contrapõe à noção de Estado unitário, onde há centralização de todo poder por parte de um único ente. Isto porque, na forma federada há uma união de coletividades públicas dotadas de autonomia político-constitucional, autonomia federativa[118], denominados Estados federados ou Estados-membros.

No Brasil, a adoção da forma de Estado federal comporta ainda uma particularidade, vez que entram outros elementos que se somam aos Estados e incluem-se na estrutura político-administrativa. Referimo-nos aqui aos Municípios e ao Distrito Federal.

Neste contexto, o "Estado Federal é o todo, dotado de personalidade de Direito Público internacional". Já a União "é a entidade federal formada pela reunião das partes componentes, constituindo pessoa jurídica de Direito Público interno, autônoma em relação aos Estados e a que cabe exercer as prerrogativas de soberania do Estado brasileiro. "[119]

O Estado Federal brasileiro é, em suma, pessoa jurídica de Direito interno, formado pelos seguintes entes: União, Estados-membros, Distrito Federal e Municípios. Esta forma de Estado assenta-se na autonomia de cada um desses entes, que possuem órgãos governamentais e competências próprias, não havendo hierarquia entre essas entidades. As suas características fundamentais,[120] extraíveis da própria Carta Magna, em seu

---

116. ALMEIDA, Fernanda Dias Menezes de. *Competências na Constituição de 1988*. São Paulo: Atlas, 2007, p. 14.
117. SILVA. *Curso de direito constitucional positivo*, p. 99.
118. Idem.
119. Ibidem, p. 100.
120. O professor André Ramos Tavares inclui, ainda, entre as características do Estado Federal, a repartição, não só de competências, mas de rendas, a rigidez constitucional que

art. 1º, são a autonomia,[121] a indissolubilidade do vínculo e a repartição de competências entre os entes.

Segundo Celso Ribeiro Bastos[122], a função legislativa consiste em estabelecer as normas gerais e abstratas que regem a vida em sociedade, enquanto que a função executiva consiste em traduzir num ato de vontade individualizado a exteriorização abstrata da lei. Dirimir possíveis controvérsias que possam surgir por ocasião da aplicação da lei, por sua vez, vem a ser a função jurisdicional.[123]

Diante disso, Geraldo Ataliba[124] ensina que:

> Assim, em última análise, para a teoria da divisão do poder há três grupos distintos de órgãos: os que editam somente normas gerais, os que apenas tomam medidas concretas nos limites traçados pelos primeiros e os que, no caso de controvérsia, decidem da conformidade ou não de cada ato particular em relação às normas gerais, sejam os atos praticados por indivíduos ou por autoridades públicas.

Nestes termos, a Constituição, desde os artigos inaugurais e de forma plasmada pelo seu corpo, determina o que sejam os poderes, isto é, funções, feixes de competências da nossa república, independentes e harmônicos entre si e repartidos na forma federativa, o Legislativo, o Executivo e o Judiciário, disciplinando, condicionando e limitando o seu exercício, tendo por fim último, reitera-se, o interesse público, o bem estar da coletividade expressado, delimitado e garantido pelos termos da própria Constituição.

---

torna o federalismo, mediante cláusula pétrea, princípio imutável, a representação das unidades federativas no Poder Legislativo central, através do Senado Federal, a existência de um Tribunal Constitucional e a intervenção para manutenção da federação. TAVARES. André Ramos. *Curso de direito constitucional*, p. 728. São essas também as lições primeiras de Celso Ribeiro Bastos. BASTOS, Celso Ribeiro. *Curso de direito constitucional*, 2002, p. 244-245.

121. Cada ente da federação é dotado de autonomia política – possuindo seus próprios representantes –, financeira, legislativa e administrativa.

122. BASTOS, Celso Ribeiro. *Curso de Teoria do Estado e Ciência Política*. Editora Saraiva. 1999, p. 152-153.

123. Na singela explanação de Antônio Carlos Cintra do Amaral, "Ao produzir normas legais, o legislador aplica a Constituição. Ao produzir decisões judiciais e atos administrativos, o juiz e o agente administrativo, respectivamente, aplicam a lei. " AMARAL, Antônio Carlos Cintra do. Validade e Invalidade do Ato Administrativo. Revista Diálogo Jurídico, Salvador, CAJ – Centro de Atualização Jurídica, v. I, nº. Oito, novembro, 2001. Disponível em: <http://www.direitopublico.com.br/pdf_8/DIALOGO-JURIDICO--08-NOVEMBRO-2001- ANTONIO-CARLOS-CINTRA-AMARAL.pdf>. Acesso em: 10 de março de 2013, p. 1.

124. ATALIBA, Geraldo. *República e Constituição*. São Paulo: Malheiros, 1998, p. 51.

Outrossim, como já antecipado, a expressão função também prescreve outras determinações para além da questão dos deveres-poderes, do exercício de competências, ao ensejo de transmitir as próprias finalidades, a essência, o modelo, a instrumentalização de fatos, institutos, enfim, de interesses juridicamente relevantes, sendo sua principal consequência a fixação do modo de operar, defender, ou melhor, de dar substância e concretude a este interesse na exata medida de seus contornos e delineamentos legais.

Consequentemente, associando-se ao juízo de Calmon de Passos, vê-se que tudo quanto a ordem jurídica designa em determinados comportamentos, o faz para alguma finalidade, no sentido de que tudo está associado a consequências, de que é causa ou pressuposto e lhe revela as funções, que lhe são inerentes e necessárias, ditadas pela ordem jurídica.[125]

Noutra proposição: função também pode ser juridicamente entendida como o resultado que se pretende obter com determinada atividade do homem ou de institutos e fatos jurisdicizados, mas sempre tendo em vista interesses que ultrapassam os do agente.[126]

Valendo-se, uma vez mais, dos ensinamentos de Calmon de Passos, conclui-se que pouco importa traduza essa atividade exercício de direito, dever, poder ou competência. Relevantes serão, para o conceito de função, as consequências que ela acarreta para a convivência social. O modo de operar, portanto, não define a função, qualifica-a.

Em última análise, já não é apenas o agente público que deve exercitar os poderes que lhe são reconhecidos como dever de servir nos limites da outorga que lhe foi conferida, também aos agentes privados e os diversos fenômenos jurídicos se interdita o exercício das faculdades que decorrem do próprio direito fundamental individual à liberdade que lhes é reconhecida e assegurada, de modo a evitarem um desserviço aos interesses comuns, coletivos, ao bem-estar social.[127]

Ao remate, urge ressaltar que não se pode olvidar, no estudo de funções sociais da cidade, que o termo função, no ordenamento jurídico brasileiro, aglutina, inter-relaciona e transpassa ao menos estas duas conotações,

---

125. PASSOS, José Joaquim Calmon de. *Revistando o direito, o poder, a justiça e o processo –* reflexões de um jurista que trafega na contramão. Salvador: Juspodivm, 2012.
126. Idem.
127 PASSOS, José Joaquim Calmon de. *Revistando o direito, o poder, a justiça e o processo –* reflexões de um jurista que trafega na contramão. Salvador: Juspodivm, 2012.

quais sejam, a de feixe de atribuições, competências, deveres-poderes e a de designação de comportamentos aos indivíduos e à sociedade, para determinadas finalidades da vida em comunidade, delimitando ou condicionando as liberdades. Estas, por derivação lógica, são conjugadamente ínsitas ao conteúdo jurídico de funções sociais da cidade, no aspecto formal e substancial, como se observará, com mais vagar, nos dois próximos capítulos.

3. CONTEÚDO JURÍDICO DO TERMO "SOCIAIS"

Discorrer sobre as questões sociais é versar tema afeto à sociedade e, decorrentemente, ao homem e suas relações. Esta assertiva, por si só, permite inferir que a matéria social, quando ganha contornos jurídicos, quer se referir aos direitos intimamente ligados aos homens, na sua condição individual e comunitária.[128]

Neste contexto, abrolham os denominados direitos humanos, em torno dos quais Bobbio aponta que a compreensão e definição esbarram ao menos em quatro dificuldades: da vagueza da expressão[129], a tautologia de algumas definições, sendo assim, mal definíveis; em segundo lugar, variam de tempo e espaço; ademais, é uma definição deveras heterogênea, porquanto diversos são os seus fundamentos; por fim, a existência de antinomia entre os direitos invocados pelas pessoas.[130]

---

128. Apesar de diretamente ligado ao homem, não é possível concluir que sejam os mesmos inatos ou que sempre tenham existido. BONAVIDES, Paulo. *Do Estado liberal ao Estado social.* São Paulo: Malheiros, 2011.

129. Essa indefinição terminológica não passou despercebida por Sarlet, que cita que, muitas vezes, para representar estes, são utilizadas as expressões "direitos do homem", "direitos subjetivos públicos", "liberdades públicas", "direitos individuais", "liberdades fundamentais" e "direitos humanos fundamentais". SARLET, Ingo Wolfgang. *A Eficácia dos Direitos Fundamentais.* Porto Alegre: Livraria do Advogado, 20011, p. 27.

130. Bobbio, Norberto. *A era dos direitos.* Rio de Janeiro: Elsevier, 2004, p. 15-24. Neste sentido, cita diversas referências legislativas de organismos internacionais, no tocante à matéria: a Declaração de Filadélfia, de 1944, expedida ao ensejo da Conferência Internacional do Trabalho, valorizava premissas de liberdade e igualdade ao instituir que "todos os seres humanos, seja qual for sua raça, crença ou sexo, têm o direito de buscar o seu progresso material ou seu desenvolvimento espiritual dentro da liberdade e da dignidade, com segurança econômica e chances iguais (OIT, 1944); o Programa das Nações Unidas pelo Desenvolvimento (PNUD), ocupando-se da justiça social e da noção de desenvolvimento humano, citando a justiça como "a ampliação das possibilidades de escolha aberta aos indivíduos. Entre essas possibilidades, citamos, em primeiro lugar, como fundamentais, a capacidade de ter uma vida longa e de preservar a saúde, de receber educação e de beneficiar-se de condições de vida decentes"; a Declaração Universal dos Direitos do Homem, de 1948, a Declaração Universal dos Direitos da Criança, de 1959, a Convenção dos Direitos Políticos das Mulheres, de 1952. Op. cit. p. 46-74.

Destaca Bobbio que, a despeito disso, "os direitos do homem, por mais fundamentais que sejam, são direitos históricos, ou seja, nascidos em certas circunstâncias, caracterizados por lutas em defesa de novas liberdades contra velhos poderes, e nascidos de modo gradual, não todos de uma vez e nem de uma vez por todas. "[131]

E relata:

> Direitos que foram declarados absolutos no final do século XVIII, como a propriedade *sacre inviolable* foram submetidos a radicais limitações nas declarações contemporâneas, direitos que as declarações do século XVIII nem sequer mencionavam, como os direitos sociais, são agora proclamados com grande ostentação nas recentes declarações. Não é difícil prever que, no futuro, poderão emergir novas pretensões que no momento nem sequer podemos imaginar, como o direito a não portar armas contra a própria vontade, ou o direito de respeitar a vida também dos animais e não só dos homens.[132]

Em seguida, ultima:

> Num primeiro momento, afirmaram-se os direitos de liberdade, isto é, todos aqueles direitos que tendem a limitar o poder do Estado e a reservar para o indivíduo, ou para os grupos particulares, uma esfera de liberdade em relação ao Estado; num segundo momento, foram propugnados os direitos políticos, os quais – concebendo a liberdade não apenas negativamente, mas positivamente – tiveram como consequência a participação cada vez mais ampla, generalizada e frequente dos membros de uma comunidade no poder público (ou liberdade no Estado); finalmente, foram proclamados os direitos sociais, que expressam o amadurecimento de novas exigências, como os do bem-estar e da igualdade não apenas formal, e que poderíamos chamar de liberdade através ou por meio do Estado.[133]

De todo modo, estes passam a se tornar juridicamente significantes a partir do momento que incorporados aos ordenamentos jurídicos, face mesmo à sua relevância para a vida em coletividade.[134]

---

131. Idem. p. 5. Sobre o tema, consulte-se também COMPARATO, Fábio Konder. *A Afirmação Histórica dos Direitos Humanos.* São Paulo: Saraiva, 2008.

132. Bobbio, Norberto. *A era dos direitos.* Rio de Janeiro: Elsevier, 2004, p. 18.

133. Idem, p. 32.

134. Segundo Pérez Luño "Los derechos humanos aparecen como un conjunto de facultades e instituciones que, en cada momento histórico, concretan las exigencias de la dignidad, la libertad y la igualdad humana, las cuales deben ser reconocidas positivamente por los ordenamientos jurídicos a nivel nacional e internacional." LUÑO, Antonio Enrique Pérez

Assim, configuram-se como interesses juridicamente protegidos ligados diretamente aos denominados direitos fundamentais – esta uma expressão típica das ordens jurídicas postas a partir do início do século XX, notadamente com as constituições mexicana e alemã[135].

Esclarece Canotilho:[136]

> As expressões direitos do homem e direitos fundamentais são frequentemente utilizadas como sinônimas. Segundo a sua origem e significado poderíamos distingui-las da seguinte maneira: direitos do homem são direitos válidos para todos os povos e em todos os tempos; direitos fundamentais são os direitos do homem, jurídico-institucionalmente garantidos e limitados espacio-temporalmente. Os direitos do homem arrancariam da própria natureza humana e daí o seu caráter inviolável, intertemporal e universal; os direitos fundamentais seriam os direitos objetivamente vigentes numa ordem jurídica concreta.

Segundo Sarlet[137]:

> [...] o termo direitos fundamentais se aplica para aqueles direitos do ser humano reconhecidos e positivados na esfera do direito constitucional positivo de determinado Estado, ao passo que a expressão direitos humanos guardaria relação com os documentos de direito internacional, por referir-se àquelas posições jurídicas que se reconhecem ao ser humano como tal, independentemente de sua vinculação com determinada ordem constitucional, e que, portanto aspiram à validade universal, para todos os povos e tempos, de tal sorte que revelam um inequívoca caráter supranacional.

Como forma de concretizar estes direitos fundamentais, expressam-se, na Constituição Federal (art. 5°), em direitos individuais e suas derivações,

---

Luño. *Derechos Humanos, Estado de Derecho y Constitución.* 6 ed. Madrid: Tecnos, 1999, p. 46.

135. Retrata Comparato que "A Carta Política mexicana de 1917 foi a primeira a atribuir aos direitos trabalhistas a qualidade de direitos fundamentais, juntamente com as liberdades individuais e os direitos políticos. A importância desse precedente histórico deve ser salientada, pois na Europa a consciência de que os direitos humanos têm também uma dimensão social só veio a se afirmar após a grande guerra de 1914-1918; e nos Estados Unidos, a extensão dos direitos humanos ao campo socioeconômico ainda é largamente contestada". COMPARATO, Fábio Konder. *A Afirmação Histórica dos Direitos Humanos.* São Paulo: Saraiva, 2008.

136. CANOTILHO, José Joaquim Gomes. *Direito Constitucional e Teoria da Constituição.* 3 ed. Coimbra: Almedina, 1998. p. 259:

137. SARLET, Ingo Wolfgang. *A Eficácia dos Direitos Fundamentais.* 5 ed. Porto Alegre: Livraria do Advogado, 20011, p. 29.

que visam assegurar a liberdade, igualdade, a propriedade, a segurança e a vida, do indivíduo, isoladamente, mas também, e notadamente, em sua coletividade. Exsurgem, assim, na proposição de Canotilho, como direitos fundamentais de defesa, direitos a prestação e direitos de participação.[138]

Destes avultam-se, ao menos para os efeitos do tópico ora proposto, os direitos sociais[139] (ou direitos prestacionais, de prestação), que impõem ao Estado, para além do mero cumprimento e promoção dos mesmos na forma constitucional, o dever de criação de pressupostos materiais indispensáveis ao exercício efetivo desses direitos.[140]

Com efeito, os direitos sociais estão assegurados e regulados em diversos dispositivos constitucionais· e legais, tendo por objetivo prevenir, minimizar ou punir as consequências das ações que afetam a dignidade da pessoa humana.

Insta rematar que, para compreender a exata noção de todo e qualquer direito social, é necessário concebê-lo como estritamente ligado ao seu núcleo original, a saber, o direito fundamental à vida e ao princípio da dignidade da pessoa humana, conquanto simultaneamente imbricado às obrigações basilares do Estado.

Conforme didática classificação de José Afonso da Silva, plasmados pela Constituição, podem ser referidos como:

a) direitos sociais relativos ao trabalhador;

b) direitos sociais relativos à seguridade, compreendendo os direitos à saúde, à previdência e assistência social;

c) direitos sociais relativos à educação e à cultura;

d) direito social relativo à família, criança, adolescente e idoso;

e) direitos sociais relativos ao meio ambiente.[141]

Assenta-se, neste diapasão, o pressuposto segundo o qual os direitos sociais não são meras proclamações políticas, recomendações, carta de

---

138. CANOTILHO, J.J. Gomes. *Direito Constitucional e Teoria da Constituição.* 3. ed. Coimbra: Almedina, 1998. P. 383 e seguintes.

139. Com isso, segundo Bonavides, formam-se os estados sociais, em oposição aos estados liberais. Contudo, aqueles não se confundem com estados socialistas. Bonavides, Paulo. Do estado liberal ao estado social. São Paulo: Malheiros, 2011, p. 183-187.

140. ROCHA, Júlio Cesar de Sá. *Direito da Saúde. Direito sanitário na perspectiva dos interesses difusos e coletivos.* São Paulo: Atlas S.A., 2011, p. 18.

141. Silva, José Afonso da. *Direito Constitucional Positivo. São Paulo.* Malheiros, 1998, p. 289.

compromissos ou exortações desprovidas de força normativa. Consubstanciam-se por um conjunto de prescrições dirigidas aos cidadãos, outorgando-lhes direitos subjetivos, e ao estado, a quem imputa os deveres necessários à sua concretização e, para tanto, outorga poderes.[142]

Pode-se consignar, dessa forma, os direitos sociais como direito de todos os cidadãos, do qual emerge dever do Estado em todas as suas esferas – federal, estadual e municipal – de assegurar a manutenção de tais prestações positivas, fundamentais e diretamente ligadas à dignidade da pessoa humana, que consubstanciam direitos individuais subjetivos e interesse público ou direitos coletivos, a serem devidos, prestados pelo poder público, mediante o exercício dum plexo de atribuições, funções, competências, verdadeiros deveres-poderes, sendo exigíveis pelos indivíduos, isoladamente, ou pelas vias de sua representação difusa e coletiva.

4. DO CONTEÚDO JURÍDICO DO TERMO "CIDADE"

Ultrapassadas os anteriores termos componentes da norma princípio em análise, finda-se com a investigação em torno da expressão "cidade".

Etmológicamente, tem-se que "cidade", do latim *civitas, -atis*, significa condição de cidadão, direito de cidadão, conjunto de cidadãos, mas também neste signo repousa a ideia de estado, pátria.

---

142. Com José Afonso da Silva: "os direitos sociais, como dimensão dos direitos fundamentais do homem, são prestações positivas proporcionadas pelo Estado direta ou indiretamente, enunciadas em normas constitucionais, que possibilitam melhores condições de vida aos mais fracos, direitos que tendem a realizar a igualização de situações sociais desiguais." SILVA, José Afonso da. *Curso de direito constitucional positivo.* São Paulo: Malheiros, 2006, 286. Na mesma direção Canotilho: "resulta da consagração constitucional desses direitos como direitos fundamentais dos cidadãos e não apenas como direito objetivo expressos através de normas programáticas ou imposições constitucionais (direitos originários de prestações); da radiação subjetiva de direitos através da criação por lei de prestações, instituições e garantias necessárias à concretização dos direitos constitucionalmente reconhecidos. (...) que justificam o direito de judicialmente ser reclamada a manutenção do nível de realização e de se proibir qualquer tentativa de retrocesso social". CANOTILHO, José Joaquim Gomes. *Constituição dirigente e vinculação do legislador:* contributo para a compreensão das normas constitucionais programáticas. Coimbra: Coimbra, 1994, 374. Aparentemente em sentido oposto, Comparato, afirmando que os direitos sociais não contam com uma dimensão subjetiva, não ensejando a exigibilidade de quaisquer prestações positivas pelos seus titulares, mas tão somente um controle judicial voltado ao exame da razoabilidade das políticas públicas implementadas para realizá-los. COMPARATO, Fábio Konder. O Ministério Público na Defesa dos Direitos Econômicos, Sociais e Culturais. In Eros Roberto Grau e Sérgio Sérvulo Cunha. Estudos de Direito Constitucional em Homenagem a José Afonso da Silva. São Paulo: Malheiros, 2003, p. 244-260.

A despeito da importância histórica, política e linguística desta denotação, insta investigar e desvelar o sentido da expressão em epígrafe como balizado pela ordem jurídica do Brasil, a partir da sua norma base, para, a partir desta, apresentar o seu conteúdo jurídico.

Temas recorrentes, quando do debate acerca das questões afetas à cidade, é sua relação com as noções de sede de governo, ou Município e de concentração urbana, ou de área, zona urbana. Neste particular, desde a Constituição, passando por leis gerais e por atos concretos, é recorrente a utilização imprecisa e confusa destes institutos jurídicos, seja representando a mesma situação jurídica, como se sinônimos fossem e, noutros momentos, com conotações distintas.

Daí porque, antes de se debruçar sobre o conteúdo jurídico de funções sociais da cidade, impõe-se investigar qual o sentido normativo do termo cidade.

De início, indispensável se faz um giro sobre a evolução histórica do tema das cidades. Uma simples análise permite concluir que o mesmo precede, e muito, a noção de Município.[143] Refere-se mesmo a fenômeno antigo, já observado por Aristóteles[144], na Grécia Clássica, como sendo a referência de "Quando várias aldeias se unem numa única comunidade, grande o bastante para ser autossuficiente (ou para estar perto disso), configura-se a cidade, ou Estado – que nasce para assegurar o viver e que, depois de formada, é capaz de assegurar o viver bem".

Num acréscimo a esta clássica lição, Bonini (1983, 249) sintetiza que "por polis se entende uma cidade autônoma e soberana, cujo quadro institucional é caracterizado por uma ou várias magistraturas, por um conselho e uma assembleia de cidadãos (politai) ".

Neste contexto, Munford[145], expõe que

> [...] antes da cidade, houve a pequena povoação, o santuário e a aldeia; antes da aldeia o acampamento, o esconderijo, a caverna, o montão de pedras; e antes de tudo isso, houve certa disposição para a vida social que o homem compartilhava, evidentemente, com outras espécies animais.

---

143. Profunda incursão sobre as origens e as formas das cidades pode ser conferida em LEAL, Rogério Gesta. *A função social da propriedade e da cidade no Brasil:* aspectos jurídicos e políticos. Porto Alegre: Livraria do Advogado, 1998, p. 51-60.
144. ARISTÓTELES. Política, p. 45
145. MUNFORD, Lewis. *História da cidade.* Rio de Janeiro: Civilização Brasileira,1965, p. 13.

De tal modo, pode-se afirmar que "a superação destes limites dá-se com a criação das cidades".[146] Na lição de Hely Lopes Meirelles, com o advento da República Romana e o seu interesse em manter o domínio pacífico das cidades já conquistadas através de seus exércitos, surge assim o município como unidade político-administrativa.

Explicita, neste passo, o citado autor que, naquela época,

> Os vencidos ficavam sujeitos, desde a derrota, às imposições do Senado, mas, em troca de sua sujeição e fiel obediência às leis romanas, a Republica lhes concedia certas prerrogativas, que variavam de simples direitos privados (*jus connubi, jus commerci* etc.) até o privilégio político de eleger seus governantes e dirigir a própria cidade (*jus suffragii*). As comunidades que auferiam essas vantagens eram consideradas Municípios (*municipium*) e se repartiam em duas categorias (*municipia caeritis e municipia foederata*), conforme a maior ou menor autonomia de que desfrutavam dentro do Direito vigente (*jus italicum*).[147]

Segundo proclama Leonard Reissman, citado por Pedro de Milanelo Piovezane, "a cidade é provavelmente a maior criação humana" Ainda, para o citado sociólogo, conforme relata Pedro de Milanelo Piovezane,

> [...] a análise da natureza da cidade e seu significado transcende, de muito, o simples estudo das migrações do campo para a cidade. Ou seja, o processo de urbanização provoca mudanças profundas em todos os setores da sociedade, emergindo delas – instituições urbanas, exigências urbanas, valores urbanos.[148]

Castells, em recorrente análise social, político, econômica e histórica, afirma que

> [...] a cidade é o lugar geográfico onde se instala a superestrutura política-administrativa de uma sociedade que chegou a um ponto de desenvolvimento técnico e social (natural e cultural) de tal ordem que existe uma diferenciação do produto em reprodução simples e ampliada da força de trabalho chegando a um sistema de distribuição e de troca, que supõe a existência: 1. de um sistema de classes sociais; 2. de um sistema político permitindo ao mesmo tempo o funcionamento do conjunto social e o domínio de uma classe; 3. de um sistema

---

146. LOPES, José Ronaldo de Lima. *Direitos sociais* – teoria e prática. São Paulo: Método, 2006, p. 59.

147. MEIRELLES, Hely Lopes. *Direito Municipal Brasileiro*. São Paulo: Malheiros, 2007, p. 35.

148. PIOVEZANE, Pedro de Milanelo. *Elementos de direito urbanístico*. São Paulo: RT, 1981, p. 7.

institucional de investimento, em particular no que concerne à cultura e à técnica; 4. de um sistema de troca com o exterior.[149]

Em sentido oposto, vale consignar a premissa de José Reinaldo de Lima Lopes, para quem a cidade é uma verdadeira instituição. Isto porque, sustenta que o principal componente destas é o homem. Nas suas palavras, apoiado em Munford, não se pode olvidar que "casas fazem uma cidade, mas cidadãos fazem uma civilidade. As cidades são, portanto, um espaço humano, que se opõe e se distingue do espaço natural, meramente geográfico"[150].

De fato, "Cidade e urbe não foram palavras sinônimas entre os antigos. A cidade era a associação religiosa e política das famílias e das tribos; a urbe, o lugar de reunião, o domicílio e sobretudo o santuário desta sociedade".[151]

Quanto à formação das cidades, destaca, com precisão Grau que

> Na medida em que o processo se desenvolve, desaparecem, tragadas pela urbanização, as faixas que outrora circundavam aquelas unidades e as isolavam em termos espaciais, uma das outras. Em consequência, o próprio conceito de cidade se alastra, estendendo-se para além dos territórios confinados por limitações de ordem político administrativa. Não se deve deixar de ressaltar, no entanto, que ela também abrange, além da extensão territorial urbanizada, a franja urbano-rural que circunda e que com ela mantém intensa relação polarizada.[152]

Hely Lopes Meirelles assim resume este ponto e enfatiza:

> Assim, as atribuições edilícias da Antiguidade, meramente administrativas da urbe, transformaram-se em funções político-administrativas do Município da atualidade, abrangentes de todos os setores urbanos e dos aspectos rurais que interfiram na vida da cidade. A administração municipal contemporânea não se restringe apenas à ordenação da cidade, mas se estende a todo o território do Município – cidade/campo – em tudo que concerne ao bem-estar da comunidade.

149. CASTELLS, Manuel. *A questão urbana.* Rio de Janeiro: Paz e Terra, 2000, 42-43.
150. LOPES, José Ronaldo de Lima. *Direitos sociais* – teoria e prática. São Paulo: Método, 2006, p. 58.
151. COULANGES, Fustel de. *A Cidade Antiga.* Tradução Pietro Nasseti. Porto Alegre: Editora Martin Claret, 2002, p. 145.
152. GRAU, Eros Roberto. *Regiões metropolitanas:* regime jurídico. São Paulo: Bushatsky, 1974, p. 6. Na mesma acepção, em obra estrangeira de 1964, Gottman constata que "o nosso conceito de cidade explodiu pela massiva expansão da moderna urbanização" (tradução livre). GOTTMAN, Jean. Mankind is reshaping its habitat, apud GRAU, Eros Roberto. *Regiões metropolitanas:* regime jurídico. São Paulo: Bushatsky, 1974, p. 6.

Na sequência, conclui que

> O inegável é que na atualidade o Município assume todas as responsa-
> bilidades na ordenação da cidade, na organização dos serviços públi-
> cos locais e na proteção ambiental de sua área, agravadas a cada dia
> pelo fenômeno avassalador da urbanização, que invade os bairros e
> degrada seus arredores com habitações clandestinas e carentes dos
> serviços públicos essenciais ao bem-estar dessas populações.[153]

Nesta linha de raciocínio, leciona Ferrari que "os Municípios são unidades territoriais, com autonomia política, administrativa e financeira,
autonomia esta limitada pelos princípios contidos na própria Lei Magna do
Estado Federal e naqueles das Constituições Estaduais".[154]

Já no aclaramento de Júlio Rocha a cidade é um "centro populacional permanente, altamente organizado, possuidor de funções urbanas
e políticas próprias; espaço geográfico transformado pelo homem pela
realização de um conjunto de construções com caráter de continuidade
e contiguidade".[155]

A partir da disciplina constitucional brasileira e da reflexão a respeito
dos ensinamentos apostos, verifica-se no ordenamento pátrio vigente
a equiparação, para efeitos legais, dos termos cidade e a área urbana, os
quais, de outro lado, se distinguem de Município[156], já que este é o todo que
compreende aquela, esteja em zona urbana, suburbana ou em zona rural,
desde que sob sua jurisdição, ou intendência.

---

153. MEIRELLES, Hely Lopes. *Direito Municipal Brasileiro*. São Paulo: Malheiros, 2007, p. 35.
154. FERRARI, Regina Maria Macedo Nery. *Controle de constitucionalidade das leis municipais*. 3ª ed. São Paulo: Revista dos Tribunais, 2003, p. 58.
155. ROCHA, Júlio César de Sá. *Função Ambiental da Cidade*: Direito ao meio ambiente urbano ecologicamente equilibrado. São Paulo: Editora Juarez de oliveira, 1999, p. 4.
156. Vale ressaltar que, como diversos outros institutos e instituições jurídicas, a exemplo da família e do próprio estado, a noção de cidade, área urbana e de município precede a sua configuração prescritiva, mesmo porque seu nascedouro é a própria auto-orga-nização social, não sendo um produto genuinamente, uma criação do direito. De outro lado e numa concepção diversa da adotada neste trabalho, impende registrar que, atento a esta questão, José Ronaldo de Lima alvitra que, para se articular uma relação entre propriedade e cidadania, a reflexão sobre o tema pode – na hipótese do citado autor, deve – ser feita sob uma tripla perspectiva metajurídica: histórica, estrutural e funcional. A partir destas bases conclui que "do ponto de vista do direito é preciso destacar duas: (1) nas cidades dissolvem-se natural e progressivamente os laços de sangue, de família, de tribo e de clã; (2) nas cidades estabelece-se a diferença entre ricos e pobres." LOPES, José Ronaldo de Lima. *Direitos sociais* – teoria e prática. São Paulo: Método, 2006, p. 59. Importante mencionar, outrossim, os termos do art. 2°, III, da Lei Complementar n° 1, de 09/11/1967, que impõe como requisito de criação de Município que tenha mais de duzentas casas, onde se constituiria, nos termos de sua Lei Orgânica, a cidade.

Portanto, cidade, área urbana e Município são institutos jurídicos distintos, porém relacionados, cujos predicados são inconfundíveis.[157] O município é ente da federação nos termos do art. 1° e 18, que se consubstancia numa circunscrição territorial, que engloba áreas rurais, urbanas e de expansão urbana, nestas compreendidas as denominadas cidades, ao qual se atribui um plexo de competências, mediante a dotação de independência, seja na sua gestão, materializada por um prefeito eleito pelos munícipes, seja na sua arrecadação, realizada direta, pela via de tributos de sua alçada exclusiva, e indiretamente, em razão de repasses de verbas obrigatórios por parte dos demais entes da federação.[158]

Compreendida a distinção entre Município e cidade, percebe-se que, a despeito dos fatores históricos, sociais, econômicos e outros que norteiam a matéria, os mesmos são institutos disciplinados pelas normas jurídicas, sendo certo que a distinção fundamental é que o primeiro é pessoa jurídica de direito público, enquanto o segundo remete à representação de determinado espaço territorial municipal, com qualidades e finalidades específicas.[159]

Exatamente em razão da possibilidade de existência de áreas com caracteres, finalidades e regimes jurídicos distintos dentro dum mesmo Município, desponta-se a necessidade de classificá-las, para a escorreita operação e cumprimento dos princípios e regras que as acrisolam.

Daí porque, não só para os fins deste trabalho, mas para cumprimento dos ditames constitucionais e infraconstitucionais, necessário o delineamento das denominadas zonas urbanas e rurais, as quais, por tudo quanto exposto ao longo deste arrazoado, ligam-se diretamente às situações de fato e de direito ínsitas às retentivas advindas da correlação entre cidade e campo.

---

157. No mesmo sentido De Plácido e Silva, em verbete: "o vocábulo nos vem do civitas latino, com significado muito mais amplo do que aquele em que é tido pela técnica administrativa. Nesta, com melhor razão, adotou-se o sentido de urbe, também com a tradução de cidade. E a compreensão do próprio perímetro citadino, está concentrada na frase: Urbem designat aratro, frase esta atribuída a Virgílio e que se traduz: ele marca com arado o circuito da cidade. Desse modo, a cidade compreende o que, vulgarmente, se diz perímetro urbano, não se estendendo, pois, a seus arredores rurais e términos, melhormente compreendidos na jurisdição municipal, não citadina." SILVA, De Plácido. *Vocabulário jurídico*. Rio de Janeiro: Forense, 1987.

158. Neste sentido, confira-se CASTRO, José Nilo de. *Direito Municipal Positivo*. 2ª ed. Belo Horizonte: Del Rey, 1992, pp. 38 a 40.

159. A temática já foi objeto de reflexão em HUMBERT. Georges Louis Hage. *Direito urbanístico e função socioambiental da propriedade*. Belo Horizonte: Fórum, 2009.

Ao cabo, imprescindível tangenciar este mote, para a adequada definição das distinções entre área (ou zona) urbana e rural. Isto posto, segundo José Reinaldo Lima Lopes[160],

> A tradicional oposição entre cidade e campo tem origens profundas na longa história da civilização. A própria palavra civilização, de origem recente, tem sua raiz na antiga palavra latina *civitas*. De *civitas*, a cidade, veio civilizar (palavra usual no século XVI) e mais tarde, no século XVIII, civilização. Civilização opõe-se à barbárie. Civilização lembra, também, a cidade propriamente dita. Ora, liga-se assim, a esta palavra, a tradição de ver a vida em cidades como algo mais avançado, melhor, do que a vida no campo.

Não se pode olvidar, ademais, que

> [...] os tratadistas da sociologia rural e urbana, costumam contemplar três tipos principais de sociedade: a aborígene, a agrária e a urbana. A ausência de diferenciação entre o meio rural e o urbano é a característica básica da sociedade aborígene, constituída de grupos pequenos que se utilizam de técnicas rudimentares para prover a sua subsistência. A sociedade agrária surge com o aparecimento de concentrações urbanas de alguma importância que não mais se ocupam diretamente com a obtenção de alimentos. A diferença entre grupo urbano e grupo rural está no fato de que o segundo se incumbe da produção alimentar e o primeiro tem a função da organização e controle do meio. Mas o crescimento da cidade fica sempre condicionado à produção rural.[161]

Debruçado sobre a problemática das relações do homem com o solo e suas consequências, Castells[162] preconizou que o urbano designaria então uma forma especial de ocupação do espaço por uma população, a saber, o aglomerado resultado de uma forte concentração e de uma densidade relativamente alta, tendo como correlato previsível uma diferenciação funcional e social maior.

Depreende-se, a partir desta premissa, que área urbana se caracteriza, de fato, como conglomerado, maior ou menor, de edificações nas quais são desenvolvidas atividades diversificadas, como habitação, comércio, prestação de serviços, atividades produtivas econômicas, culturais, prestação de

---

160. LOPES, José Ronaldo de Lima. *Direitos sociais* – teoria e prática. São Paulo: Método, 2006, p. 58.

161. PIOVEZANE, Pedro de Milanelo. *Elementos de direito urbanístico*. São Paulo: RT, 1981, p. 17.

162. PIOVEZANE, Pedro de Milanelo. *Elementos de direito urbanístico*. São Paulo: RT, 1981, p. 17.

serviços públicos, assim compreendidos, portanto como núcleos, verdadeiros plexos de relações e interações próprias entre homem, solo e sua ordenação, das quais emergem necessidades específicas, como equipamentos públicos, a exemplo de praças, jardins, aparelhamentos esportivos, saneamento, iluminação, hospitais, escolas, de entretenimento, de ordenação do trânsito – túneis, viadutos, semáforos e infraestrutura em geral para o atendimento das demandas consequentes das citadas implicações.

Por isso que os Municípios englobam, em larga medida, mas não necessariamente, áreas urbanas e rurais. Com efeito, os espaços, as zonas, isto é, a forma de configuração das áreas do Município, conformadas por propriedades imóveis, públicas ou privadas, classifica-se como urbana, de expansão urbana – que muitos doutrinadores, técnicos e até mesmo o legislador, denominam de cidade – e rural – por sua vez, recorrentemente denominada como campo, zona agrária ou agrícola.[163]

Diante do exposto, por cidades remete-se a um fato histórico da vida em sociedade, dado da realidade representado pelas povoações centrais e sedes de governos onde se desempenham as funções administrativas de determinado povo firmado num território, verdadeiras bases de organização e ordenação de determinada comunidade, não importa tamanho ou importância e que é, atualmente, relevante juridicamente enquanto referência às áreas urbanas, ao ensejo do que se extrai do art. 29, XIII e 182 da Constituição Federal.[164]

---

163. No mesmo ditame, De Plácido e Silva, ao anotar que "a cidade compreende o que, vulgarmente, se diz de perímetro urbano, não se estendendo, pois, a seus arredores rurais e términos, melhormente compreendidos na jurisdição municipal, não citadina. Daí se infere a distinção da cidade e do município; onde termina a zona urbana termina a cidade; o município é o todo que compreende a cidade, a zona suburbana e a zona rural, sob sua jurisdição, ou intendência" SILVA, de Plácido e. *Vocabulário Jurídico*, p. 169.

164. Após reconhecer a distinção entre cidades e Municípios, Fiorillo acentua que aquelas possuem natureza jurídica ambiental, sendo um "bem ambiental". FIORILLO, Celso Antonio Pacheco. *Estatuto da Cidade comentado:* Lei 10.257/2001. São Paulo: RT, 2010, p. 34-37. Discorda-se desta afirmação, por diversos fundamentos. Inicialmente, porque atribuir a determinado fato juridicamente disciplinado – a cidade – a natureza de um outro fato juridicamente relevante – o meio ambiente – não produz qualquer resultado útil. Adequado é ratificar que, por se tratar de interesse público, o mesmo se sujeita, em alto grau, ao regime jurídico de Direito Público. Ademais, os bens jurídicos não são ambientais ou não ambientais, mesmo porque o meio ambiente ecologicamente equilibrado, pela sua complexidade e essência, compreende quase que a totalidade dos bens jurídicos, razão pela qual é costumeiramente classificado como natural, artificial, cultural, do trabalho, urbano e rural, os quais podem ser ou não identificados numa cidade, termo de que, como já se alegou nesta tese, as normas constitucionais e infraconstitucionais se valem para remeter à questão urbana ou dos espaços habitáveis.

Encerra-se que o Município é pessoa jurídica de direito público interno[165], com deveres-poderes executivos[166] e legislativos[167] próprios, consoante estabelece a Constituição, sendo, ao lado da União, dos Estados e do Distrito Federal, ente que compõe a federação brasileira.

Enquanto isto, a Cidade é verdadeiro dado da realidade que, ao contrário dos Municípios, não possui personalidade jurídica. Todavia, não é fato juridicamente irrelevante, porque a Constituição refere-se às cidades sempre as relacionando à questão urbana, como se entrevê, sem maior esforço, da leitura do capítulo dedicado exclusivamente à ordem urbana (art. 182, *caput*, § 1ª e §2º).

De igual modo, foi editada a lei 10.257, autodenominada Estatuto da Cidade, que tem por objeto as diretrizes gerais de ordenação dos espaços urbanos e, em várias passagens, alude à matéria, ratificando a conclusão aqui exposta, sendo, doravante esta – de área urbana – a concepção jurídica extraível da ordem jurídica, sendo este o seu conteúdo básico a partir do qual se deve descrever e prescrever o seu sentido e alcance.[168]

---

165. Nos termos do que preceitua o art. 41, III do Código Civil.

166. Na síntese de Alexandre Moraes, autogoverna-se pela eleição direta do Prefeito, seu Vice e Vereadores. E se auto-administra, exercitando suas competências administrativas, legislativas e tributárias, conferidas diretamente pela Constituição Federal. MORAES, Alexandre. *Direito Constitucional*. São Paulo: Atlas, 2003, p. 274.

167. Notadamente o de "elaborar as suas Constituições Municipais (chamadas pela Constituição Federal de leis orgânicas), auto-organizando os seus poderes Executivo e Legislativo e promulgando sua Constituição sem que seja possível ou permitida a intervenção do Legislativo estadual ou federal para a respectiva aprovação." MAGALHÃES, José Luiz Quadros de. *Direito Constitucional*. Tomo II. Belo Horizonte: Mandamentos, 2003, p. 80.

168. Outra questão terminológica, também cientifica e pragmaticamente relevante que, recorrentemente, suscita alguma confusão entre os operadores do direito é o da instituição Prefeitura face ao Município. Ao derredor da questão, ensina Hely Lopes Meirelles, que aquela "é o órgão executivo do Município. Órgão independente, composto, central e unipessoal (...). Como órgão público, a Prefeitura não é pessoa jurídica; é simplesmente a unidade central da estrutura administrativa do Município. Nem representa juridicamente o Município, pois nenhum órgão representa a pessoa jurídica a que pertence, a qual só é representada pelo agente (pessoa física) legalmente investido dessa função que, no caso, é o prefeito. Daí a impropriedade de tomar-se a Prefeitura pelo Município, o que equivale a aceitar-se a parte pelo todo, ou seja, o órgão, despersonalizado, pelo ente personalizado (...). Nas relações externas e em juízo, entretanto, quem responde civilmente não é a Prefeitura, mas sim o Município, ou seja, a Fazenda Pública Municipal, única com capacidade jurídica e legitimidade processual para demandar e ser demandada, auferindo as vantagens de vencedora e suportando os ônus de vencida no pleito". MEIRELLES, Hely Lopes. *Direito Municipal Brasileiro*. 6ª ed. São Paulo: Malheiros, 1993, pp. 518 e 520, grifos do original. O próprio Supremo Tribunal Federal mesmo já tratou do tema sem se cuidar desta distinção técnica. Com efeito, assentou, em sede de Mandado de Segurança,

Sendo assim, de rigor precisar as altercações aqui apontadas, já que, de acordo com o sistema jurídico brasileiro em vigor, é nas cidades que incidem, em maior medida, as normas de ordenação dos espaços urbanos, pelo que com estes as cidades juridicamente se confundem, enquanto é o Município[169] o ente da federação que detém a maior parte das atribuições, no âmbito legislativo e executivo, pertinentes à matéria, a teor dos arts. 30 e 182 da Constituição Federal.

Resta demonstrada a íntima e pertinente convergência entre os institutos aqui tratados, sendo a cidade e a área urbana expressões que se consubstanciam verdadeiros sinônimos jurídicos, que se referem, noutro giro, a uma parte integrante, a um espaço juridicamente relevante que pode ou não integrar determinado Município, este assim considerado como ente da República Federativa do Brasil.

5. DEFINIÇÃO SÍNTESE DO SENTIDO DE FUNÇÕES SOCIAIS DA CIDADE NO ORDENAMENTO JURÍDICO BRASILEIRO

Diante destas importantes e indispensáveis noções preambulares, resta saber, afinal, qual a disciplina legal das "funções sociais da cidade" e, efetivamente, qual o seu conteúdo jurídico a ser sacado do nosso ordenamento, como comando dirigido a comportamento dos sujeitos de direito e deveres.

A doutrina, e mesmo a jurisprudência, são vacilantes, quando o assunto é determinar, com precisão, qual o perfil jurídico conferido às "funções sociais da cidade social" da propriedade e, por vezes, não se atentam para a escorreita e imprescindível necessidade de precisão técnica, metodológica e conceitual, a fim de que possibilitem a concreção – ou ao menos a correta aplicação – das normas jurídicas pertinentes.

Isto porque não procedem ao devido corte e definição metodológica, além da definição de sua natureza. Outras vezes, por não precisar, preliminarmente, o que entende pelos termos "funções", "sociais" e por "cidade" e qual sua natureza, procedendo, assim, análises dúbias ou dotadas de imprecisões conceituais. Finalmente por inserir elementos extrajurídicos para conformação do tema.

---

que "para efeito de legitimidade ad causam, as expressões Município e Prefeitura se equivalem." RTJ 96/759, grifo do original.

169. Em 1977, Veiga já ressaltava essa relevância da atuação municipal nas questões urbanísticas em Portugal. Segundo o citado autor, a ordenação territorial daquele país encontra-se entregue aos Municípios, dada a preponderância do interesse local. FARIA, Manuel Veiga de. *Elementos de direito urbanístico.* Coimbra: Coimbra editora, 1977, p. 44.

Para evitar imprecisões que dificultam a compreensão do tema, esta tese se propôs a, de logo, pré-estabelecer o método e o objeto do estudo (capítulo I), apresentar sua natureza (capítulo 2) e, por ora, a construir uma definição e o conteúdo jurídico, a partir da expressão normativa que lhe confere a Constituição da República.

Previsto expressamente no art. 182 da Constituição da República e no art. 2º do Estatuto da Cidade (Lei), o princípio da função social da cidade tem caráter semelhante ao da função social da propriedade, visando, em última instância, o bem-estar comum.

Conforme se observou supra, o bem comum é o fim precípuo, é inerente ao próprio Estado Social Democrático de Direito. Consubstancia-se no conjunto de condições sociais que possibilitam a felicidade coletiva. Enfim, é o fazer algo em benefício de todos.

Da ordem posta, extraem-se duas acepções, dois conceitos jurídicos de bem comum. No plano infraconstitucional, a expressão bem comum está inserta no art. 5º da LICC, que dispõe que "na aplicação da lei, o juiz atenderá aos fins sociais a que ela se dirige e às exigências do bem comum. " Portanto, trata-se de método de aplicação da lei.

Já no plano constitucional, que importa para os fins aqui almejados, é referido pelo art. 3º da CF, de onde pode extrair o seu conteúdo mínimo que lhe confere densidade normativa.

Desta forma, nesta segunda hipótese, vislumbra-se que a promoção, o alcance, o atendimento, ou ao menos a busca incessante da consecução do bem comum não é só um objetivo, uma questão política, sociológica, um desejo ou mera recomendação: é prescrição, imposição legal.

Disto decorre uma série de implicações, incluindo o dever de todos, em especial do Estado, de assegurar o cumprimento desta norma, pena de incidência da sanção correspondente.

Por isso mesmo, quando a Constituição Federal, em seu art. 182, e o Estatuto da Cidade, em seu art. 2º, preceituam que é objetivo[170] do estado ordenar, no exercício de atividade urbanística, o pleno desenvolvimento de funções sociais da cidade, temos que a sua atuação deve, assim como na

---

170. Assinale-se, a propósito, que a lei se valeu de terminologia equivocada. O alcance do bem comum e do interesse coletivo não é mero objetivo ou recomendação. Trata-se de verdadeiro dever jurídico, que obriga todos, uma vez que prescrita por norma jurídica em vigor.

função social da propriedade, pautar-se pela noção de bem comum que, em se tratando de cidade, norteia-se e concretiza-se mediante o incessante atuar do Estado pela promoção de moradia, trabalho, circulação e lazer para os cidadãos.

Some-se a isso os deveres incutidos entre o art. 6° a 11, a partir do art. 193, relacionados diretamente à ordem social, sem deixar de lado as determinações da ordem econômica que se aliam aos direitos desta natureza. No título dedicado à ordem econômica e financeira a questão social é apontada como princípio norteador (art. 170). Logo em seguida é referida como norma fundamental da política urbana (art. 182, §2º) e da política agrícola e fundiária (artigos 184 e 186).

Daí porque, elementar, para a escorreita intelecção dos deveres e direitos impostos por essas determinações constitucionais, salienta-se a justiça social.

O social da Justiça buscada contamina a função que a cidade, ou melhor, que as áreas urbanas e aqueles responsáveis pelos atos jurídicos a estas pertinentes e suas derivadas relações, que terão que obedecer para que, prosseguindo parafraseando a afirmação de Carmém Lúcia, "se legitime e possa ser buscada a sua destinação segundo compromisso solidário com todos e com cada qual dos membros da sociedade política. É nesse princípio da justiça social que se desenha e se afirma o alicerce fundamental a manejar o travejamento" do direito e deveres da função social, "que se estampa no capítulo da declaração dos direitos individuais, mas que condiciona a ordem econômica e a social".[171]

De tudo quanto expendido até estas linhas, resta forçoso exteriorizar a síntese do conteúdo jurídico de funções sociais da cidade, definindo-[172]

---

171. ROCHA, Cármen Lúcia Antunes. O princípio constitucional da função social da propriedade. In: BACELLAR FILHO, Romeu Felipe; MOTTA, Paulo Roberto Ferreira; CASTRO, Rodrigo Pironti Aguirre de (Coord.). *Direito administrativo contemporâneo*: estudos em memória ao professor Manoel de Oliveira Franco Sobrinho. Belo Horizonte: Fórum, 2004. p. 55-104, cit. p. 82-83.

172. Na clássica lição de Aristóteles, definir é determinar as características essenciais, vale dizer, o conteúdo de um conceito decompondo os seus elementos constitutivos. Nesta toada, o método de definição concebido por esta concepção filosófica é, por excelência, o de indicação do gênero próximo, no caso norma jurídica constitucional princípio de eficácia plena, e da diferença específica, a saber, destinada à disciplina de competências do estado e direitos subjetivos dos cidadãos, qualificados por serem sociais, assim considerados diretamente relacionados àqueles denominados direitos humanos ou fundamentais, particularmente os prestacionais e de defesa, ínsitos aos atos e relações jurídicas nas áreas urbanas. Sobre o método de definição aristotélico e outros consulte-se:

como norma jurídica princípio constitucional, de eficácia plena, que prescreve ao estado deveres-poderes de prestações positivas relativas aos direitos sociais do trabalhador, da seguridade, compreendendo os direitos à saúde, da previdência, da assistência social, da educação, do lazer, da circulação ou mobilidade, da cultura, da família, da criança, do adolescente, do idoso e do meio ambiente, nos atos direcionados à disciplina das áreas urbanas, e outorga aos cidadãos o consequente direito subjetivo a mencionadas prestações.

6. O SENTIDO JURÍDICO DE FUNÇÕES SOCIAIS DA CIDADE E A CARTA DE ATENAS

Definiu-se, neste estágio da tese, as funções sociais da cidade, valendo-se do quanto disposto pelo direito positivo brasileiro.

Entretanto, na investigação, nota-se, de logo, a ausência da menção a um referencial histórico recursivamente utilizado pela doutrina, inclusive pelos cientistas do direito brasileiro, como meio de se obter soluções para a querela ora pesquisada.

Colaciona-se, por oportuno e pertinente, a exaltada Carta de Atenas, produzida no ano de 1933, que foi resultado do Congresso Internacional de Arquitetura Moderna – CIAM e teve como seu idealizador Le Corbusier, tendo sido inspirada na corrente funcionalista do urbanismo. Utilizou as noções de necessidades – tipo do ser humano para definir as funções a serem objeto do planejamento das cidades, identificando-as nas necessidades de trabalho, circulação, habitação e lazer.[173]

WARAT; MARTINO. *Lenguaje y definición jurídica*; CAPELLA. *El derecho como lenguaje*: un análisis lógico; DINIZ. Conceito de norma jurídica como problema de essência.

173. Carta de Atenas de novembro de 1933. Assembleia do CIAM – Congresso Internacional de Arquitetura Moderna, item 77. Disponível em: <http://www.Iphan.gov.brflegislac/ cartaspatrimoniais/atenas >. Acesso em 21 jan. 2005. Em 1998, foi elaborada pelo Conselho Europeu de Urbanistas a Nova Carta de Atenas. Associações e institutos de urbanistas de países da União Europeia se uniram no Conselho Europeu de Urbanistas, composto por representantes de Portugal, Alemanha, Bélgica, Dinamarca, Espanha, França, Grécia, Holanda, Irlanda, Itália e Reino Unido. Este grupo começou a reunir regularmente a partirde meados de 1995 e no início de 1998 apresentou a redação da Nova Carta deAtenas. Esta pretendeu ser mais adequada às gerações vindouras do que a de1933, dando o papel principal ao cidadão na hora de tomar decisõesorganizativas. Segundo a nova carta, promulgada em Lisboa no ano de 2003, a evolução das cidades deve resultar da combinação dedistintas forças sociais e das ações dos principais representantes da vidacívica. O papel dos urbanistas profissionais passou a ser o de proporcionar ecoordenar o desenvolvimento. Ao contrário da anterior, a nova Carta de Atenas de 2003 estabelece

Como já abordado, é quase que consenso, ou mesmo unanimidade, até mesmo na ciência do direito[174] e na jurisprudência, que desde os anos 30, quando o Congresso Internacional de Arquitetura Moderna, reuniu-se na capital grega, de que habitação, trabalho, circulação e recreação são reconhecidas como funções do espaço urbano.

Com efeito, o tema da segregação das comunidades em campo e cidade acompanha o homem que desde este passa a viver em sociedade, remontando a antiguidade[175], mas a urbanização, conforme concebida nos tempos atuais, é fenômeno hodierno.[176] Esta se acentua e ganha corpo com a Revolução Industrial[177], consolidando-se na segunda metade do século XX.

---

não quatro, mas dez funções: cidade para todos, com inclusão das comunidades por meio de planejamento espacial e medidas socioeconômicas; a cidade participativa, desde o quarteirão até o distrito, em que o cidadão deve ter espaços de participação pública para a gestão urbana, associados numa rede de ação local. Carta de Atenas. In Infopédia [Em linha]. Porto: Porto Editora, 2003-2013. Acesso em 2013-03-18.

"A Nova Carta de Atenas propõe uma Visão da cidade coerente que pode ser atingida pelo urbanismo e pelos urbanistas, em colaboração com outros profissionais. Propõe novos sistemas de governância e pistas que permitam o envolvimento dos cidadãos nos processos de tomada de decisão, utilizando as vantagens das novas formas de comunicação e as tecnologias de informação." *In* A Nova Carta de Atenas 2003. A Visão do Conselho Europeu de Urbanistas sobre as Cidades do séc. XXI", CEU, Lisboa, novembro de 2003, p.38.

174. MEIRELLES, Hely Lopes. *Direito Municipal Brasileiro*. São Paulo: Malheiros, 1993, p. 377. Di Sarno entende que pelo princípio de funções sociais da cidade, esta deve existir e servir aos seus habitantes, nos termos das vocações determinadas pela Carta de Atenas. DI SARNO, Daniela Campos Libório. *Elementos de direito urbanístico*. Barueri: Manole, 2004, p. 47.

175. Aristóteles, em uma das suas obras clássicas, já se ocupava do tema, relacionando a vida social, política e o bem comum à noção de cidade. "Vemos que toda cidade é uma espécie de comunidade, e toda comunidade se forma com vistas a algum bem, pois todas as ações de todos os homens são praticadas com vistas ao que lhes parece um bem; se todas as comunidades visam a algum bem, é evidente que a mais importante de todas elas e que inclui todas as outras tem mais que todas este objetivo e visa ao mais importante de todos os bens; ela se chama cidade e é a comunidade política. " ARISTÓTELES. *Política*, 1252a.

176. A urbanização liga-se diretamente com a formação das cidades. Contudo, o fenômeno urbano no sentido aqui disposto, com a alta concentração demográfica em espaços bem delimitados, apenas se dá a partir do século XIX, a despeito de as primeiras cidades terem origens que remontam aos anos 3.500 a. C, consoante referiu-se.

177. Com apoio em Piovezane, convém notar que "As novas descobertas agrícolas, todavia, transformaram a produção do campo, diminuindo, muitíssimo, os braços para o trabalho. Esta é a Revolução Agrícola, que precede a Industrial. " Mas, ainda com espeque no citado autor, não restam dúvidas de que "A Revolução Industrial complementa definitivamente o ciclo do crescimento urbano. " PIOVEZANE, Pedro de Milanelo. *Elementos de direito urbanístico*. São Paulo: RT, 1982, p. 14. Sobre o tema, diversos autores já se pro-

É notório que findas as grandes guerras, o êxodo rural exacerba-se e a vida nas grandes cidades passa a ser objeto de desejo da população rural, que vê na indústria e no setor de serviços a oportunidade para crescer profissional e financeiramente, usufruindo das vantagens e comodidades supostamente fornecidas pela "vida moderna".

Sabe-se que a partir das grandes revoluções e grandes guerras, as metrópoles passam a concentrar grande parte da população mundial, números que, a partir de então, não pararam de crescer. Disto deriva uma série de questões sociais decorrentes da descontrolada concentração populacional em massa.

A vida bucólica e saudável, até então predominante, especialmente nas zonas rurais, é drasticamente substituída pela vida nos grandes centros urbanos que se formam. Conflitos de interesses passam a ser cada vez mais corriqueiros, com destaque para problemas ligados à moradia, saneamento, emprego e circulação dos citadinos.

Diante desta nova realidade, o Estado[178] passa a intervir com grande intensidade para promover a adequada organização dos espaços urbanos que iam se formando de forma descontrolada e em larguíssima escala.

---

nunciaram, no mesmo sentido ao aqui defendido. Por todos, consulte-se: Apud. FARIA, Manuel Veiga de. *Elementos de direito urbanístico*. Coimbra: Coimbra editora, 1977, p. 12-16.

178. Para Ferreira Filho: "a missão do Estado, neste contexto, é simples. Não é realizar o bem--estar dos indivíduos, a sua felicidade, já que esta há por vir por natureza, por meio de suas leis sábias. É apenas e tão-somente estabelecer a ordem jurídica e mantê-la contra os que a violarem. O Estado é o guardião da ordem, fixada nas leis e imposta pela polícia". FERREIRA FILHO. Manuel Gonçalves. *Sete vezes democracia*. São Paulo: Convívio, 1977, p.111. Com efeito, isto não retira também a função, verdadeiro dever, do Estado de promover o bem-estar social, que deve, por reflexo, ser indutor da felicidade de cada cidadão, mesmo porque, "o Estado é a ordem jurídica soberana que tem por fim o bem comum de um povo situado em um determinado território". DALLARI, Dalmo Abreu. *Elementos de teoria geral do Estado*. São Paulo: Saraiva, 1999, p. 122. Neste sentido, trata-se de "(...) uma espécie de sociedade política, ou seja, é um tipo de sociedade criada a partir da vontade do homem e que tem como objetivo a realização dos fins daquelas organizações mais amplas que o homem teve necessidade de criar para enfrentar o desafio da natureza e das outras sociedades rivais. O Estado nasce, portanto, de um ato de vontade do homem que cede seus direitos ao Estado em busca de proteção e para que este possa satisfazer suas necessidades sempre tendo em vista a realização do bem comum. Na medida em que começam a se alargar as esferas de atuação do poder coletivo, é dizer, na medida em que a própria complexidade da vida social começa a demandar uma maior quantidade de decisões por parte dos poderes existentes, faz-se portanto imprescindível que um único órgão exerça esse poder. Essa centralização do poder dá origem ao Estado". BASTOS, Celso Ribeiro. *Curso de Teoria do Estado e Ciência Política*. São Paulo: Celso

Esta observação deve ser apreendida num vértice esteado em dois alicerces. O primeiro deles, com apoio na expressão de Dallari, transluz-se na medida do pressuposto que "com compreensão de que o Estado se acha constantemente submetido a um processo dialético, reflexo das tensões dinâmicas que compõem a realidade social, será possível mantê-lo permanentemente adequado, eliminando-se a aparente antinomia entre ordem e mutação",[179] resguardado, adita-se, o devido processo legal de incorporação destas transformações ao sistema jurídico posto.

O segundo compreende que é preciso se cientificar que a referida intervenção se dá mediante a adoção de políticas públicas próprias, planejamento local e uma série de outras atividades afins, as quais se convencionou denominar como Urbanismo, "buscando determinar a melhor posição das ruas, dos edifícios e obras públicas, de habitação privada, de modo que a população possa gozar de uma situação sã, cômoda e estimada".[180]

Não é demasiado consignar que, etimologicamente, a palavra urbanismo deriva do latim *urbanus,* de *urbs, urbis*, que significa "relativo a cidade" e despontou como sendo "arte para ornamentar as cidades".[181]

Em 1885, na Inglaterra, Albert Shaw[182] já advertia:

> Os males presentes da vida urbana são temporários e remediáveis. As condições de vida das massas nas cidades modernas devem ser tão bem apropriadas às suas necessidades que daí resulte para o homem

---

Bastos, 2002, p. 42 – 43. Oportuno, à guisa do tema, a observação de Heller, parafraseado por Piovezane, que realça "a função de dinamismo do Estado, na realidade histórico social, onde atua como uma unidade. Assim, o seu conceito e o de suas instituições não são meras abstrações sem eco na realidade social. O Estado mesmo é uma manifestação da realidade social e em íntima relação com ela deve ser enfocado. " PIOVEZANE, Pedro de Milanelo. *Elementos de direito urbanístico.* São Paulo: RT, 1982, p. 14-15. E, permite-se acrescentar, na exata medida das competências, atribuições e deveres-poderes que a norma jurídica fundamental de determinado ordenamento, bem como aqueloutras destas derivadas, determinarem-lhe. Com a concepção de Estado Democrático de Direito, segundo Streck e Morais "a atuação do Estado passa a ter um conteúdo de transformação do status quo, a lei aparecendo como um instrumento de transformação por incorporar um papel simbólico prospectivo de manutenção do espaço vital da humanidade". STRECK, Lenio Luiz; MORAIS, José Luis Bolzan de. *Ciência política & teoria do Estado.* Porto Alegre: Livraria do Advogado, 2006, p. 104.

179. DALLARI, Dalmo Abreu. *Elementos de teoria geral do Estado.* São Paulo: Saraiva, 1999, p. 122.

180. É a acepção de Leopolo Mazzaroli, *apud* MUKAI. Temas atuais de direito urbanístico e ambiental, p.14.

181. SILVA, de Plácido e. *Vocabulário jurídico.* v. IV. São Paulo: Forense, 1975, p.1611.

182. Apud. FARIA, Manuel Veiga de. *Elementos de direito urbanístico.* Coimbra: Coimbra editora, 1977, p. 8-9.

mais alto possível desenvolvimento físico, intelectual e moral. Os pretensos problemas da cidade moderna mais não são que os diversos aspectos de um problema único e essencial: como adaptar perfeitamente o meio ao bem-estar das populações urbanas? E a ciência é capaz de enfrentar e de resolver cada um destes problemas. A ciência da cidade moderna, da harmonização dos interesses comuns nos grupos de populações de forte densidade, apela para vários ramos do conhecimento teóricos e práticos. Ela engloba a ciência da administração, a estatística, os trabalhos públicos, a tecnologia, a higiene, as ciências sociais, as políticas.

Segundo Pedro de Milanelo Piovezene, Reissman caracteriza a urbanização como "importante processo de mudança social, com implicações sobre a estrutura do poder, as transformações econômicas e a própria ideologia".[183]

Nesta senda, cumpre trazer a colação o conceito de Le Corbusier[184]

El urbanismo es la ordenación de los lugares y de los locales diversos que deben abrigar el desarrollo de la vida material, sentimental y espiritual en todas sus manifestaciones, individuales o colectivas. Abarca tanto las aglomeraciones urbanas como los agrupamientos rurales. El urbanismo ya no puede estar sometido exclusivamente a las reglas de un esteticismo gratuito. Es, por su esencia misma, de orden funcional hasta funciones fundamentales para cuya realización debe velar el urbanismo son: 1a, habitar, 2a, trabajar, 3a, recrearse, sus objetos son: a) la ocupación del suelo; b) la organización de la circulación; c) la legislación. Las tres funciones fundamentales arriba indicadas no se ven favorecidas por el estado actual de las aglomeraciones. Deben ser calculadas de nuevo las relaciones entre los diversos lugares dedicados a ellas, de modo que se determine una justa proporción entre los volúmenes edificados y los espacios libres. Se debe reconsiderar el problema de la circulación del suelo, fruto de las divisiones, de las ventas y de la especulación, debe ser sustituida por una economía básica de reagrupamiento capaz de responder a las necesidades presentes, garantizará a los propietarios y a la comunidades presentes, garantizará a los propietarios y a la comunidad el reparto equitativo de las plusvalías que resulten de los trabajos de interés común.

---

183. PIOVEZANE, Pedro de Milanelo. *Elementos de direito urbanístico*. São Paulo: RT, 1982, p. 13. Para aprofundamento da abordagem de Reissman, consulte-se Leonardo Reissman, *El proceso urbano*. Barcelona: Editorial Gili S.A, 1972, especialmente p. 7 e 171 e seguintes.
184. LE CORBUSIER. Princípios de Urbanismo. *La Carta de Atenas.* Barcelona: Editora. Ariel, 1975.

Esse conceito evoluiu estendendo essa expressão, que antes só se referia a cidade, a todo o território urbano e rural. O italiano Federico Spantigati pontua: *"En la actualidad, urbanístico no significa "urbano", sino"del suelo"; en resumen, la disciplina urbanística coincide con la disciplina del territorio con suelo".*[185]

Neste passo, anota Hely Lopes Meirelles que o conceito de Urbanismo evoluiu do estético para o social. Nos seus primórdios fora considerado unicamente arte de embelezar a cidade. Hoje pode ser definido como "o conjunto de medidas estatais destinadas a organizar espaços habitáveis, de modo a propiciar melhores condições de vida ao homem na comunidade".[186]

Com Daniela Libório Campos Di Sarno, tem-se que

> [...] o urbanismo é entendido hoje como uma ciência, uma técnica e uma arte ao mesmo tempo, cujo objetivo é a organização do espaço urbano, visando ao bem-estar coletivo, realizado por legislação, planejamento e execução de obras públicas que permitam o desempenho harmônico e progressivo das funções urbanas elementares: habitação, trabalho, recreação e circulação no espaço urbano.[187]

A presente pesquisa, enquadrada na ciência do direito, confronta-se com estas demandas, dentro do Brasil de hoje, tendo por objeto as normas jurídicas em vigor, a partir da Constituição – notadamente no que tange ao capítulo dedicado à Política Urbana, conformado pelos arts. 182 e 183 – e tem por finalidade apresentar, dentro da problemática eleita, propostas que possam ser serviçais à construção de soluções que promovam o referido bem-estar nas urbes, passando necessariamente, como já se anotou, por temáticas e distinções que formam os pressupostos ao escorreito conhecinto das normas jurídicas de ordenação dos espaços urbanos no Brasil.[188]

Ocorre, restou delimitado, que o Direito é ordem da conduta humana. E mais: é ordem coativa,[189] formada por um esquema escalonado de regras

---

185. Spantigati, Frederico. *Manual de derecho urbanístico.* Madrid: Montecorvo, 1973. p. 29.

186. MEIRELLES. *Direito municipal brasileiro,* p. 511. Grifos no original.

187. DI SARNO. *Elementos de direito urbanístico,* p. 7.

188. Já foi defendida essa premissa em HUMBERT, Georges Louis Hage. *Direito urbanístico e função socioambiental da propriedade imóvel urbana.* Belo Horizonte: Fórum, 2009.

189. Nas palavras de Hans Kelsen: "Dizer que o Direito é uma ordem coativa significa que as suas normas estatuem atos de coações atribuíveis à comunidade jurídica". KELSEN. Teoria pura do direito, p. 36.

prescritivas — as normas jurídicas, diferenciando-se, por esta razão, das demais ordenações humanas. Por decorrência, diferem-se o Direito Urbanístico[190] e o Urbanismo.

Precisas, ao ensejo, as elucidações de Piovezane[191]

> É de se notar que a grande maioria dos autores relaciona o conteúdo do Direito Urbanístico com o conteúdo da ciência denominada urbanismo. Não são poucos os que condicionam o surgimento do Direito Urbanístico como uma emergência do Urbanismo, cujo conceito sofreu extraordinária evolução com correr do tempo.

Mas isto não significa que entre estas não haja qualquer relação. Ao contrário. A evolução histórica e os processos de formação são correlatos e decorrentes do mesmo fato social, já mencionado neste capítulo: o fenômeno urbano, ou melhor, da urbanização.[192]

É inegável esta relação. Porém, é prudente, em rigor obrigatório ao cientista do direito se aperceber que estes fatos, este processo de evolução da sociedade moderna e sua repercussão socioeconômica não poderiam ficar à margem da ordenação normativa da conduta segundo uma própria e específica conexão de sentido.[193]

Pertinente, a esta altura, o alerta de Ávila, para quem

> É justamente por isso que cresce em importância a distinção entre as categorias que o aplicador do Direito utiliza. O uso desmesurado de categorias não só se contrapõe à exigência científica de clareza – sem a qual nenhuma ciência digna desse nome pode ser erigida –, mas

---

190. Em torno da noção e posicionamento dogmático do Direito Urbanístico, confira-se o capítulo IV desta tese, item 4.7.
191. PIOVEZANE, Pedro de Milanelo. *Elementos de direito urbanístico.* São Paulo: RT, 1981, p. 17
192. Nessa direção, válida a passagem de MAZZONI, "La norma urbanística, se presa isolatamente, non offre nessun quadro Del possible mutamento del reale, in ordine ad um determinato bene: essa ha bisogno di um inquadramento globale, in una visione dinamica con altre norme, anzi contutto il sistema di norme urbanistiche che, nel suo complesso soltanto, é idoeneo a fornire la reale visione dell'entitá e della quantitá del mutamento che, in ordine a quel bene puó e deve verificarsi. Ció importa che la prospettiva globalmente dinamica è essenziale al discorso urbanistico, no solo, com'è ovvio, sotto il profilo socio-economico, ma anche sotto il profilo più strettamente giuridico: de tale necessità non sembra che la dottrina abbia concretamente preso coscienza". MAZZONI, Pierandrea. *La Proprietá Procedimento.* Pianificazione del Território e Disciplina della Proprietá. Millano: Dott. Giuffré Editore, 1975, p. 18
193. SILVA. *Curso de direito constitucional positivo,* p. 33. Também, neste sentido, VILANOVA. As estruturas lógicas e o sistema de direito positivo, p. 223.

também compromete a clareza e a previsibilidade do Direito, elementos indispensáveis ao princípio do Estado Democrático de Direito.[194]

Vale dizer, é preciso conceber que as normas jurídicas estatuem atos de coação atribuíveis à comunidade jurídica quando uma situação de fato é juridicamente relevante, porque, se não regulada, pode trazer consequências nocivas à sociedade.[195] E estes imperativos devem ser descritos conforme postos pela ordem jurídica e não pelos padrões técnicos do urbanismo que não foram incorporados a um sistema jurídico válido.

Por isso, não é sobre o conteúdo de cartas, recomendações, padrões do urbanismo que deve o cientista do direito se debruçar para descrever o conteúdo de determinada norma jurídica destinada à ordenação dos espaços urbanos.

Veiga discorre com razão que

> [...] seria errado (...) admitir ou pensar que a matéria urbanística deveria ser lançada nas mãos do poder público, sem mais, onde arquitectos-urbanistas, engenheiros-urbanistas, ou mesmo administradores partilhassem entre si todas as decisões que afectassem a estrutura de cada região do país ou da cidade, dispondo discricionariamente de todo o território, sem uma qualquer ressalva dos direitos dos cidadãos, qualquer protecção legal que garantissem as liberdades fundamentais à vida na comunidade, defendendo-os dessa máquina poderosa que é o estado.[196]

Lança, ademais, que há clara distinção entre o "conceito técnico e jurídico de urbanismo", aproximando-se do que se sustenta neste estudo. Constrói seu raciocínio a partir da lógica segundo a qual, apesar da visão global e multifacetada dos problemas relacionados às áreas urbanas, não se possa estudar o tema sob duas óticas: a do ponto de vista estritamente técnico e jurídico.[197]

Logo, o Urbanismo, em rigor, se ocupa da sistematização e proposição de técnicas, padrões, criação e sugestão de instrumentos etc., para fins de ordenação e desenvolvimento das áreas urbanas.[198] É ordem social

---

194. ÁVILA, Humberto. *Teoria dos princípios* – Da definição à aplicação dos princípios jurídicos. 3ª ed.. São Paulo: Malheiros, 2004, pp. 16 e 17.

195. Ver KELSEN. *Teoria pura do direito*, especialmente o Capítulo I.

196. FARIA, Manuel Veiga de. *Elementos de direito urbanístico*. Coimbra: Coimbra Editora, 1977, p. 12.

197. Idem, p. 23 – 37.

198. A importância do Urbanismo já era ressaltada por Diogo de Figueiredo Moreira Neto em obra pioneira, ao alertar que: "Na sociedade em que ocorre, a urbanização acelerada

estruturante, mas não coativo-sancionadora.[199] Por outro lado, o Direito, ao tornar juridicamente relevantes determinados fatos e/ou condutas humanas, prescreve-os como sendo obrigatórios, proibidos ou permitidos, enfim, como dever-ser cujo não comprimento acarreta a consequência prevista no sistema.[200] Esta é a nota diferencial entre o Direito e as outras ordens sociais, do Direito Urbanístico e do Urbanismo.

Não por outras razões é acertado afirmar que o qualificativo "urbanístico" apenas indica — e não mais que isso — a realidade sobre a qual esse Direito incide: o Urbanismo.[201] Assim, o Direito Urbanístico, como parte da ciência jurídica que tem por destaque o estudo e sistematização das normas de ordenação do solo urbano inclusas nesta ordem coercitiva, não se confunde com o Urbanismo.[202]

Diante desta ideia, cumpre registrar a diferença entre Direito Urbanístico e o Urbanismo, assim como das "funções sociais da cidade" na

---

causa impactos polivalentes. Podemos alinhar, entre outros, os seguintes: aumento da demanda de serviços públicos urbanos, elevação das aspirações, aumento dos custos dos serviços públicos urbanos, proliferação de áreas de favelização, redução da renda per capita, deterioração ecológica, deterioração edilícia, aumento da taxa de desemprego, aumento da marginalidade social e agravamento da criminalidade". MOREIRA NETO. *Introdução ao direito ecológico e ao direito urbanístico:* instrumentos jurídicos para um futuro melhor, p. 49.

199. Kelsen averba: "O momento coação, isto é, a circunstância de que o ato estatuído pela ordem como consequência de uma situação de fato considerada socialmente prejudicial deve ser executado mesmo contra a vontade da pessoa atingida e – em caso de resistência – mediante o emprego de força física, é o critério decisivo". KELSEN. *Teoria pura do direito,* p. 37.

200. No escol de Lourival Vilanova: "Se uma norma foi posta, para ser norma jurídica, constituir-se-á de duas proposições: a primeira fixa as relações jurídicas ou situações jurídicas decorrentes da verificação ou não-verificação (fato não-ocorrente, omissivo) de fatos que são fatos jurídicos justamente porque provocam tais efeitos jurídicos; a segunda, fixa as consequências para os sujeitos no caso de não seguirem o que está preceituado na norma antecedente. (...) Se se descumpre a norma primária, ingressa-se na órbita de incidência da norma secundária sancionadora". VILANOVA. *As estruturas lógicas e o sistema de direito positivo,* p. 126.

201. SILVA. Direito urbanístico brasileiro, p. 19.

202. Segundo José Afonso da Silva, a palavra urbanismo decorre, etimologicamente, da palavra grega *Urbis,* cujo significado é cidade. "O conceito de 'urbanismo' é, portanto, estreitamente ligado à cidade e às necessidades conexas com o estabelecimento humano na cidade". SILVA. Direito urbanístico brasileiro, p. 19. Vale registrar o alerta de Veiga, para quem "um processo de desenvolvimento do conceito de urbanística que implicou o abandono do seu significado etimológico (urbanismo não significa mais <urbano> mas <do território>) e a ampliação do seu objecto desde a cidade primeiro, ao conjunto formado pela própria cidade e seus arredores e, sucessivamente, por espaços sempre mais amplos, até coincidir com o país inteiro". FARIA, Manuel Veiga de. *Elementos de direito urbanístico.* Coimbra: Coimbra editora, 1977, p. 25.

Constituição e na Carta de Atenas. E isto não significa, reitera-se, que entre estas não haja qualquer relação. Ao contrário. A evolução histórica e os processos de formação são correlatos e emanam do mesmo fato social, já mencionado neste capítulo: o fenômeno urbano, ou melhor, da urbanização.[203]

Assim, o Direito Urbanístico, como parte da ciência jurídica que tem por destaque o estudo e sistematização das normas de ordenação do solo urbano inclusas nesta ordem coercitiva, não se confunde com o Urbanismo.

Conseguintemente, as funções sociais da cidade, no contexto da Carta de Atenas e do urbanismo, não têm sentido ou relevância jurídica, ou melhor, não exprimem exatamente o conteúdo jurídico de funções sociais da cidade – apesar de influenciar, emanar influxos, *outputs* – o qual, conquanto já declinado à exaustão, tem caráter prescritivo e encontra-se albergado em determinada ordem jurídica vigente, no caso do Brasil, a partir do quanto positivado pela Constituição da República de 1988.

Articula-se, em remate, que é equivocado e mesmo insuficiente se valer da Carta de Atenas para exteriorizar o conteúdo jurídico de funções sociais da cidade, remetendo-se, para tanto, ao operador do direito – cientista, produtor e aplicador – a uma ordem cogente válida, notadamente para efeitos de imposição de obrigações, faculdades, permissões e atribuição de competências a determinados sujeitos de direitos e deveres, tendentes à materialização do bem comum, da pacificação social, participação e segurança, na forma do estado de direito.

---

203. Nessa direção, válida a passagem de MAZZONI, "La norma urbanística, se presa isolatamente, non offre nessun quadro del possible mutamento del reale, in ordine ad um determinato bene: essa ha bisogno di um inquadramento globale, in una visione dinamica con altre norme, anzi contutto il sistema di norme urbanistiche che, nel suo complesso soltanto, é idoeneo a fornire la reale visione dell'entitá e della quantitá del mutamento che, in ordine a quel bene puó e deve verificarsi. Ció importa che la prospettiva globalmente dinamica è essenziale al discorso urbanistico, no solo, com'è ovvio, sotto il profilo socio-economico, ma anche sotto il profilo più strettamente giuridico: de tale necessità non sembra che la dottrina abbia concretamente preso coscienza". MAZZONI, Pierandrea. *La Proprietá Procedimento. Pianificazione del Território e Disciplina della Proprietá.* Millano: Dott. Giuffré Editore, 1975, p. 18.

Capítulo IV

Alcance jurídico de funções sociais da cidade

1. DE FUNÇÕES SOCIAIS DA CIDADE COMO EXPRESSÃO DOS FUNDAMENTOS E OBJETIVOS FUNDAMENTAIS DA REPÚBLICA FEDERATIVA DO BRASIL

Está positivado no art. 1º da Constituição brasileira que a República Federativa do Brasil, formada pela união indissolúvel dos Estados e Municípios e do Distrito Federal, constitui-se em Estado Democrático de Direito e tem como fundamentos, entre outros, a cidadania, a dignidade da pessoa humana e os valores sociais do trabalho.

Consoante lição de Canotilho[204], a estrutura do Estado Democrático de Direito passa por uma ordem de domínio legitimada pelo povo. Segundo o constitucionalista português, "a articulação do direito e do poder no estado constitucional significa, assim, que o poder do Estado deve organizar-se e exercer-se em termos democráticos", sendo esta uma das traves mestras do Estado Constitucional Democrático de Direito. Daí porque "o poder político deriva dos cidadãos" que, completa-se, exerce-o, direta ou indiretamente, mediante a cidadania e todos direitos e garantias que lhes são inerentes.

Neste passo, sendo a cidade, ou melhor, a área urbana, o local onde se aglomeram as comunidades, é neste espaço, juridicamente tutelado, que, em larga medida, concretizam-se a cidadania e o estado democrático de direito, na exata medida em que cumprido este aspecto funcional das cidades que a associa diretamente à noção constitucional de cidadania e de estado democrático de direito[205].

---

204. CANOTILHO, José Joaquim Gomes. *Direito Constitucional e Teoria da Constituição*. Coimbra: Almedina, 2003, p. 98.

205. Não por outra razão, do princípio jurídico positivo "funções sociais da cidade", enquanto norma estruturante da política urbana (vide item 4.3 infra), decorre o subprincípio da gestão democrática da cidade. Desta forma, os atos de política urbana pensados e debatidos pelos habitantes da cidade de forma direta, participativa e democrática são obrigatórios, materializam a cidadania e o estado democrático de direito, produzindo, na prática, resultados muito mais ricos e eficazes, além da identificação do habitante

Com efeito, quanto à dignidade da pessoa humana, incontroverso que engloba um valor supremo que, a um só tempo, determina a positivação e atrai para a sua essência o conteúdo dos direitos humanos, inclusos nas ordens jurídicas sob o manto dos denominados direitos fundamentais individuais, desde o direito à vida, passando pela igualdade, liberdade, segurança, propriedade e, notadamente, pelos direitos sociais.

Alinhado a José Afonso da Silva, não se pode olvidar que

> Concebido como referência constitucional unificadora de todos os direitos fundamentais [observam Gomes Canotilho e Vital Moreira], o conceito de dignidade da pessoa humana obriga a uma densificação valorativa que tenha em conta o seu amplo sentido normativo-constitucional e não uma qualquer idéia apriorística do homem, não podendo reduzir-se o sentido de dignidade humana à defesa dos direitos pessoais tradicionais, esquecendo-a nos casos de direitos sociais, ou invocá-la para construir 'teoria do núcleo da personalidade' individual, ignorando-a quando se trate de garantir as bases da existência humana. Daí decorre que a ordem econômica há de ter por fim assegurar a todos existência digna (art. 170), a ordem social visará a realização da justiça social (art. 193), a educação o desenvolvimento da pessoa e o seu preparo para o exercício da cidadania (art. 205) etc., não como meros enunciados formais, mas como indicadores do conteúdo normativo eficaz da dignidade da pessoa humana.

No mesmo sentido, externa Konrad Hesse que "A Constituição jurídica não configura apenas a expressão de uma dada realidade. Graças ao elemento normativo, ela ordena e conforma a realidade política e social".[206]

---

com sua cidade. Além de importante, a participação popular nas decisões a respeito do planejamento e desenvolvimento do seu município tornou-se obrigatória. Com o advento do Estatuto da Cidade (Lei), a matéria, quanto às normas urbanísticas, foi tratada de forma explícita e especializada. Positiva-se, com status de Diretriz Geral do Estatuto da Cidade (art. 2, XIII), o princípio da Gestão Democrática da Cidade, o qual é exaustivamente instrumentalizado pelo art. 43 daquele diploma legal. Consagra-se, assim, a efetiva e obrigatória participação dos citadinos nos destinos da urbe. É dever do Estado, ou de quem lhes faça as vezes de, ao versar sobre questões urbanas, consultar a comunidade interessada. Exemplificando: caso a participação popular no que tange à elaboração, discussões e conclusões das normas e planos urbanísticos não seja imprimida, estar-se-á diante da violação não só de funções sociais da cidade e da gestão democrática da cidade, bem como de frontal ataque ao princípio fundamental da República. Instrumentos como as audiências e consultas públicas, plebiscito e referendo são, entre outros, aptos à promoção destes princípios e devem ser rotineiramente implementados, por força do ordenamento jurídico em vigor.

206. HESSE. *A força normativa da Constituição*, p. 24. Luís Roberto Barroso é de opinião contrária. Comenta: "Dignidade da pessoa humana é uma locução tão vaga, tão metafísica,

A partir destas premissas, nota-se igualmente quanto à matéria, a nítida ligação entre as funções sociais da cidade e a dignidade da pessoa humana, mesmo porque esta se encontra umbilicalmente relacionada à condição humana de cada indivíduo, que a exercitam no âmbito das demograficamente densas áreas urbanas, cujo bem-estar se encontra condicionado pelas prescrições impostas pela norma princípio de funções sociais da cidade.[207]

Exatamente por isso, pode se definir que o princípio jurídico fundamental em debate representa, juridicamente,

> [...] a qualidade intrínseca e distintiva reconhecida em cada ser humano que o faz merecedor do mesmo respeito e consideração por parte do Estado e da comunidade, implicando, neste sentido, um complexo de direitos e deveres que asseguram a pessoa tanto contra todo e qualquer ato de cunho degradante e desumano, como venham a lhe garantir condições existenciais mínimas para uma vida saudável, além de propiciar e promover sua participação ativa e co-responsável nos destinos da própria existência e da vida em comunhão com os demais seres humanos[208]

Trata-se, consequentemente, de fundamento da comunidade estatal, na acepção de Häberle[209]. Pelo exposto, forçoso concluir, com Vidal Serrano, que a interpretação de todos e quaisquer direitos e deveres de cunho social, como é o caso de funções sociais da cidade, deve ser feita à luz do princípio em causa, em como se parte integrante deste fosse, indicando-lhe um mínimo irredutível, bem como posição preponderante ante as demais normas[210].

---

que embora carregue em si forte carga espiritual, não tem qualquer valia jurídica. Passar fome, dormir ao relento, não conseguir emprego são, por certo, situações ofensivas à dignidade humana. O princípio, no entanto, não se presta à tutela de nenhuma dessas situações. Por ter significativo ético, mas não se prestar à apreensão jurídica, a dignidade da pessoa humana merece referência no preâmbulo, não no corpo da Constituição, onde desempenha papel decorativo, quando não mistificador". BARROSO, Luís Roberto. O direito constitucional e a efetividade de suas normas: limites e possibilidades da Constituição brasileira. Rio de Janeiro: Renovar, 1993. p. 296.

207. SARLET, Ingo Wolfgang. *Dignidade da pessoa humana e direitos fundamentais na Constituição de 1988.* Porto Alegre: Livraria do Advogado Editora, 2009.

208. SARLET, Ingo Wolfgang. *Dignidade da pessoa humana e direitos fundamentais na Constituição de 1988.* Porto Alegre: Livraria do Advogado Editora, 2009, p. 62.

209. HÄBERLE, Peter. A dignidade da pessoa humana como fundamento da comunidade estatal. *In* Dimensões da dignidade: ensaios de filosofia do direito e direito constitucional / Béatrice Maurer ... [et. al.] org. Ingo Wolfgang Sarlet. Porto Alegre: Livraria do Advogado Editora, 2009. P. 45-103. Assevera o autor que "merece aplausos a irradiação da dignidade humana em relação a outros princípios, âmbitos e instituições constitucionais, assim como também os direitos fundamentais, a democracia liberal ou o direito penal". Op. cit. p. 57.

210. NUNES JÚNIOr, Vidal Serrano. *A cidadania social na Constituição de 1988* – estratégias de positivação e exigibilidade judicial dos direitos sociais. São Paulo: Verbatim, 2009, p. 114-115.

Ainda quanto ao tema, o art. 3º do mesmo diploma legal constitui objetivos fundamentais do Estado Democrático de Direito brasileiro construir uma sociedade livre, justa e solidária, erradicar a pobreza e a marginalização, e reduzir as desigualdades sociais e regionais e promover o bem de todos.

Como anota Cármen Lúcia Antunes Rocha, "O que se tem, pois, é que os objetivos fundamentais da República Federativa do Brasil são definidos em termos de obrigações transformadoras do quadro social e político retratado pelo constituinte na elaboração do texto constitucional".[211]

Na esteira do quanto assevera José Afonso da Silva, "não se trata de objetivos de governo, mas do Estado Brasileiro... Cada governo pode ter metas próprias de sua ação, mas tem que se harmonizar com os objetivos fundamentais aí indicados. Se apontarem em outro sentido, serão inconstitucionais".[212]

E, referindo-se sistematicamente à Norma Suprema, remata:

> Este artigo correlaciona-se com as promessas do Preâmbulo, pois 'construir uma sociedade justa, livre e solidária' corresponde a forma uma sociedade dotada de valores supremos dos direitos sociais e individuais, tais a liberdade, a segurança, o bem-estar, o desenvolvimento, a igualdade e a justiça – que é aquela sociedade fraterna, pluralista e sem preconceitos fundada na harmonia social. Mas também se vincula de alguma maneira com as normas que contemplam a Seguridade Social (arts. 194 e ss.) como instrumentos de erradicação da pobreza e da marginalização e redução das desigualdades e se desdobra em normas precisas e de eficácia plena como as que definem o princípio da igualdade (arts. 5° caput e inciso I, e 7, XXXI, XXXI, XXXII), de modo que só na aparência é que as disposições do art. 3° têm sentido programático. São, em verdade, normas dirigentes ou teleológicas, porque apontam fins positivos a serem alcançados pela aplicação de preceitos concretos definidos em outras partes da Constituição.[213]

Acompanha-se o raciocínio de Nelson Saule Júnior segundo o qual o que denomina de Direito à cidade – o qual se prefere encartar como princípio jurídico das " funções sociais da cidade" – "compreende os direitos inerentes às pessoas que vivem nas cidades deter condições dignas de vida."[214]

---

211. ROCHA, Cármen Lúcia Antunes. Ação afirmativa: o conteúdo democrático do princípio da igualdade jurídica. **Revista Trimestral de Direito Público,** n. 15, p. 85-99, 1996.

212. SILVA, José Afonso da. *Comentário Contextual à Constituição.* São Paulo: Malheiros, 2007, p. 46.

213. SILVA, José Afonso da. *Comentário Contextual à Constituição.* São Paulo: Malheiros, 2007, p. 46.

214. SAULE JÚNIOR, Nelson. *Novas Perspectivas do Direito Urbanístico Brasileiro,* p. 22.

Essas condições, ainda na lição do citado jurista, incluem os direitos dos citadinos de "de exercitar plenamente a cidadania, de ampliar os direitos fundamentais (individuais, econômicos, sociais, políticos e ambientais), e participar da gestão da cidade, de viver num meio ambiente ecologicamente equilibrado e sustentável".[215]

Ora, sabe-se que na realidade atual "os espaços urbanos não se limitam também a ser locais ou palcos da produção industrial, da troca de mercadorias, ou lugares onde os trabalhadores vivem. Eles são tudo isso e muito mais; são produtos: edifícios, viadutos, ruas, placas, postes, árvores, enfim, paisagem que é produzida e apropriada sob determinadas relações sociais. A cidade é objeto e também agente ativo das relações sociais".

E isto, frise-se, não é só um dado da realidade. Pelas digressões aqui esposadas, pela intima relação e derivações das "funções sociais da cidade" aos princípios, objetivos e direitos fundamentais da República, esta noção de cidade, melhor dizendo, de área urbana como um objeto e agente do das relações sociais é qualificada pelo ordenamento, imputando atribuições, faculdades, obrigações e permissões matizando os comportamentos humanos neste plexo de imbricações urbanísticas.

Diante do quanto apresentado, finaliza-se que a função social adere e se condiciona pela dignidade da pessoa humana.[216] Nesse passo, compreende-se o princípio jurídico de funções sociais da cidade como condição de possibilidade da dignidade da pessoa humana, passando a constituir o que Rogério Leal chama de "indicador constitucional parametrizante do mínimo existencial".[217]

---

215. Idem.

216. Sarlet, apoiado em Neumann, sustenta que "o desempenho das funções sociais em geral encontra-se vinculado a uma recíproca sujeição, de tal sorte que a dignidade da pessoa humana, compreendida como vedação a instrumentalização humana, em princípio proíbe a completa e egoística disponibilização do outro, no sentido de que se estar a utilizar outra pessoa apenas como meio para alcançar determinada finalidade, de tal sorte que o critério decisivo para a identificação da violação a dignidade passa a ser (pelo menos em muitas situações convém acrescer) o do objetivo da conduta, isto é, da intenção de instrumentalizar, coisificar o outro". SARLET, Ingo Wolfgang. *As dimensões da dignidade da pessoa humana*: construindo uma compreensão jurídico-constitucional necessária e possível. In Dimensões da dignidade: ensaios de filosofia do direito e direito constitucional / Béatrice Maurer ... [*et. al.*] org. Ingo Wolfgang Sarlet. Porto Alegre: Livraria do Advogado Editora, 2009, p. 36.

217. LEAL, Rogério. *A quem compete o dever de saúde no direito brasileiro?* Esgotamento de um modelo institucional. Revista Trimestral de Direito Público, 51-52, p. 26-39. São Paulo: Malheiros Editores, p. 27.

Destarte, trata-se de um pressuposto mínimo para a garantia dos princípios e objetivos fundamentais da República. Estando diretamente relacionado a estas, configurando o seu conteúdo e sendo estas normas consideradas supraprincípios[218], normas que, diga-se, importam em fundamentos e objetivos fundamentais do Brasil, ou seja, as bases sobre as quais este Estado Democrático de Direito[219] se assenta, violar uma destas disposições é aviltar o próprio Estado de Direito[220] e o seu regime Democrático[221].

---

218. Para Carlos Ayres Britto a Constituição apresenta formas de "autodivisão" de suas normas em principiológicas e comuns, tenham ou não a rotulagem de "princípio(s)", pelo que confere, igualmente, a alguns dos seus dispositivos um papel de liderança ou de proeminência sistemática, na medida em que: a) faz da materialidade deles a própria razão de ser de algumas regras comuns, ou o primeiro critério racional de interpretação dessas regras comuns; b) reage mais drasticamente à violação dos comandos neles encartados. Dentre os princípios, qualifica-os em princípios fundamentais e simples princípios ou princípios constitucionais maiores e princípios constitucionais menores, sendo os primeiros dispostos nos dois primeiros títulos da Constituição e os demais dispersos pelos títulos subsequentes. Para este autor, isto é relevante, do mesmo modo como as normas principiológicas contêm ou recobrem valores de maior densidade ético-política do que os embutidos nas regras comuns, as normas principiológicas fundamentais contêm ou recobrem valores de maior expressividade ainda, no referido plano ético-político quando comparadas com as normas simplesmente principiológicas. BRITTO, Carlos Ayres. As cláusulas pétreas e sua função de revelar e garantir a identidade da constituição. *In* ROCHA, Cármen Lúcia Antunes. (Coord.) Perspectivas do direito público: estudos em homenagem a Miguel Seabra Fagundes. Belo Horizonte: Del Rey. 1995, p. 178 -180.
219. Segundo Ayres Brito, "É do nosso pensar que o ser das Constituições ocidentais, ao menos daquelas nascidas do ventre de uma Assembléia Nacional Constituinte, **esteja na Democracia**. Tanto na democracia formal quanto na material; isto é, assim no Estado Democrático de Direito como no Estado de Direito Democrático, de cujo casamento por amor resulta o ansiado Estado de Justiça. Ou o caráter holístico de tais Constituições. " BRITTO, Carlos Ayres. *Teoria da Constituição*. Rio de Janeiro: Ed. Forense, 2003, p. 183
220. O conceito de Estado de Direito apresenta utilidade se for entendido no sentido formal da limitação do Estado por meio do direito. Nessa perspectiva, o conceito permite avaliar se a atuação dos aparelhos estatais se mantém dentro do quadro traçado pelas normas em vigor. Isso não garante o caráter justo do ordenamento jurídico, mas preserva a segurança jurídica, isto é, a previsibilidade das decisões estatais. O conceito do Estado de direito material é, ao contrário, problemático. As tentativas de "enriquecimento" do conceito, no intuito de considerar como Estado de direito somente o ordenamento que satisfaz os requisitos da justiça, estão fadadas ao fracasso, já que não parece possível definir o que é um Estado justo. DIMOULIS, Dimitri. *Manual de Introdução ao Estudo do Direito*. São Paulo: Revista dos Tribunais, 2007, p.155.
221. Para Elías Díaz, sendo a democracia modo de exercício do poder, é processo, o que significa que a técnica pela qual o poder, advindo da vontade popular, é exercido, deve coadunar-se aos procedimentos preestabelecidos mediante leis elaboradas por representantes eleitos, isto é, deve obedecer ao princípio da legalidade na execução do poder, pelo que o ato de autoridade tem validade segundo sua conformação legal, o que liga toda a execução da lei à origem, que é a vontade popular. (...) Enfim, é o Estado Democrático

Sustenta-se que tal qual as normas princípios e objetivos aos quais se integra e se conecta substancialmente, o princípio jurídico de funções sociais da cidade é da maior relevância, primazia, fazendo parte do que se pode rotular como topo da hierarquia normativa constitucional pátria.

Não por outra razão, implica-se que

> [...] violar um princípio é muito mais grave que transgredir uma norma qualquer. A desatenção ao princípio implica ofensa não apenas a um específico mandamento obrigatório, mas a todo sistema de comandos. É a mais grave forma de ilegalidade ou inconstitucionalidade, conforme o escalão do princípio atingido, porque representa insurgência contra todo sistema, subversão de seus valores fundamentais, contumélia irremissível a seu arcabouço lógico e corrosão de sua estrutura mestra.[222]

Em outros termos: defende-se a tese de que as funções sociais da cidade materializam e conferem densidade aos valores abarcados pelos princípios e objetivos fundamentais da república, em determinado plexo de sujeições – atuação e aplicações do poder público, dos institutos, dos instrumentos jurídicos e diversas relações nas áreas urbanas – diretamente ligado a estes, ou melhor, enquanto desdobramento destes, significa que assume posição hierárquica de proeminência no sistema, com reflexo na interpretação e na aplicação das normas, especialmente quando da hipótese de aparente conflito, pois descumprir as prescrições advindas de funções sociais da cidade é violar, ainda que indiretamente, normas que exteriorizam as bases, os preceitos, aquilo que é mais caro e essencial ao ordenamento jurídico brasileiro.

---

de Direito que se apresenta como organização político-estatal possibilitadora de uma legalidade legítima, que se funda nos direitos fundamentais criados soberanamente pelo próprio povo, destinatário e co-autor da ordem jurídica. É nesse Estado que a autonomia política atua contra a arbitrariedade de um poder mediante sua domesticação pelo jurídico. DIAZ, Elias. *Legalidad – legitimidade en el socialismo democrático.* Espanha: Editorial Civitas S.A., 1978, p. 129

222. BANDEIRA DE MELLO. *Curso de direito administrativo*, p. 902-903. Na mesma senda, Celso Bastos: "os princípios constitucionais são aqueles que guardam os valores fundamentais da ordem jurídica. Isto só é possível na medida em que estes não objetivam regular situações específicas, mas sim desejam lançar sua força sobre todo o mundo jurídico. Alcançam os princípios esta meta à proporção que perdem o seu caráter de conteúdo, isto é, conforme vão perdendo densidade semântica, eles ascendem a uma posição que lhes permite sobressair, pairando sobre uma área muito mais ampla do que uma norma estabelecedora de preceitos. Portanto, o que princípio perde em carga normativa ganha como força valorativa a espraiar-se por cima de um sem-número de outras normas". BASTOS. *Curso de direito constitucional.* 14. ed., p. 245.

2. DE FUNÇÕES SOCIAIS DA CIDADE COMO DIREITO FUNDAMENTAL ÍNSITO AO ESTADO SOCIAL POSTO

Ainda transitando pela Constituição da República, vislumbra-se, em seu art. 5º, a indicação expressa de direitos fundamentais individuais, para, logo em seguida, dispor as garantias e mecanismos de materialização destes, a partir dos direitos sociais, consubstanciados, entre outros, pelo art. 6º e 193 e seguintes, direitos econômicos, conformados, em maior densidade, pelo art. 170 e seguintes, além dos direitos ambientais, prescritos no art. 225 e plasmados entre tantos outros dispositivos, como os arts. 20 a 24, o próprio 170 e o 186.

Destes dispositivos, pode-se extrair a seguinte conclusão: o direito a uma cidade que cumpra a função social e o dever do estado a esta prestação é fundamental. É que, mesmo explicitado no art. 182 da Lei Fundamental, a norma princípio de funções sociais da cidade é parte integrante e confere substrato aos referidos direitos que, indicados no art. 5°, pairam sobre todo o sistema.[223]

Isto porque, adaptando-se a Ferdinand Lassale[224], para justificar-se a qualidade de norma fundamental será necessário possuir a qualidade duma norma básica, mais do que as outras comuns, isto é, como indica seu próprio nome "fundamental"; "que constitua fundamento de outras normas; que se regem pela *necessidade*. (...) A idéia de fundamento traz, implicitamente, a noção de uma *necessidade ativa*, de uma força eficaz e determinante que atua sobre tudo que nela se baseia, *fazendo-a assim e não de outro modo*".[225]

A partir deste raciocínio, ensina Maria Garcia que

> O art. 5º, *caput*, da Constituição especifica cinco *direitos fundamentais básicos:* vida, liberdade, igualdade, segurança e propriedade, que constituem o fundamento de todos os demais direitos consagrados (...), bem como de toda a Constituição (...).[226]

---

223. Valendo-se do quanto previsto na Constituição Federal, José Afonso da Silva infere, em teoria própria, com rigor e precisão que lhe são peculiares, que seriam três as fontes dos direitos e garantias fundamentais, de acordo com nosso direito positivo: a expressa (art. 5º, I a LXXVIII, da CF); os decorrentes dos princípios e regime adotados pela Constituição; e os decorrentes de tratados e convenções internacionais adotados pelo Brasil. SILVA. *Curso de direito constitucional positivo*, p. 182-184.

224. Lassale, Ferdinand. O que é uma constituição? Campinas: Servanda, 2010, p. 13.

225. No mesmo sentido, GARCIA. Mas, quais são os direitos fundamentais? *Revista de Direito Constitucional e Internacional*, p. 121.

226. GARCIA. Mas, quais são os direitos fundamentais? *Revista de Direito Constitucional e Internacional*, p. 122.

É o que prescreve o direito. O *caput* do mencionado art. 5º é claro ao estabelecer que é garantido aos brasileiros e estrangeiros a inviolabilidade do direito à vida, à liberdade, à igualdade, à segurança e à propriedade.

E, entre os demais direitos e garantias consagrados pela Constituição, seriam também direitos ou garantias fundamentais "(...) todos aqueles *diretamente vinculados* a um dos cinco direitos fundamentais básicos constantes do art. 5º, *caput*. Os demais compõem apenas o quadro dos direitos constitucionais".[227]

Trata-se de uma espécie de supradireito, nos quais os demais encontram fundamento, correspondência. Os direitos fundamentais são, enfim, "o oxigênio das Constituições Democráticas".[228]

Ora, porque diretamente ligadas à vida, igualdade, segurança, liberdade e propriedade, porquanto substancial à noção de bem-estar, de solidariedade, de dignidade, de justiça social, e dos demais direitos sociais daí decorrentes, as funções sociais da cidade se configuram como parte integrante do núcleo de direitos fundamentais.

E frise-se: a origem dessa específica proteção advém do mais fundamental dos direitos já assegurados pela legislação (do qual, aliás, decorrem todos os demais): a vida humana[229].

Direitos à vida e à boa saúde, entre outros, aparecem como consequência imediata da consagração do princípio da dignidade da pessoa humana como fundamento da República Federativa do Brasil[230] o qual, por sua vez, conforme defendido no tópico anterior, remete às funções sociais da cidade, para a defesa e prestação de direitos individuais mínimos e basilares no âmbito de um dado da realidade juridicamente protegido, a saber, as áreas urbanas, por força mesmo destas concentrarem grande número de pessoas e a maior parte das relações sociais do estado democrático de direito brasileiro.

Desta forma, o direito a uma cidade que cumpra sua função social encontra fundamento não apenas nas normas constitucionais que tratam especificamente sobre esse direito, como os arts. 1°, 3° e 182, como externado

---

227. GARCIA. Mas, quais são os direitos fundamentais? Revista de Direito Constitucional e Internacional, p. 122.

228. BONAVIDES, Paulo. Curso de direito constitucional, p. 375.

229. LIMA, Lucas Rister de Souza; ZORZETO, Thiago Rebellato. *Os Limites da Atuação do Poder Judiciário na Área de Saúde* [Parte Geral – Doutrina]. Revista SÍNTESE de Direito Administrativo, ano VI, n° 61, Janeiro 2011, p. 73-83, p. 74.

230. Idem.

alhures, mas também nos dispositivos que versam sobre os direitos fundamentais individuais, em espeque os previstos pelo art. 5°.

Ademais, não resta dúvida de que os direitos sociais encontram guarida nos princípios e direitos fundamentais da Carta Constitucional. Evidente que a cidadania, a dignidade da pessoa humana, o valor social do trabalho, uma sociedade justa e solidária, o fim da pobreza e das desigualdades sociais e regionais e a promoção do bem de todos, bem como a manutenção da vida, da igualdade, da propriedade, da segurança e da liberdade, são conteúdos jurídicos determinantes e integrantes do regime jurídico constitucional da política urbana, por força da atração destes pela norma princípio de funções sociais da cidade, como mecanismo jurídico de transposição destes valores incutidos, postos mesmos pela ordem suprema vigente, ínsitas ao exercício do direito à cidadania em toda a sua plenitude.[231]

De efeito, o teor essencial, como demonstrado, representa um limite que se impõe à possibilidade de conformação e restrição dos direitos fundamentais, representando o seu mínimo intangível, indisponível ao Poder Público quanto à gestão das cidades. Mesmo porque, "sem vida urbana, sem liberdade, sem espaço público, não se prepara qualquer tipo de cidadania".[232]

Reconhecida como direito fundamental social, algumas implicações diretas e imediatas são, de logo, dedutíveis e caracterizam a norma princípio "funções sociais da cidade":

a) é cláusula pétrea, portanto intangível às investidas reformadoras do poder constituinte derivado que tanto tem emendado a atual Constituição;

b) é norma de eficácia plena e aplicabilidade imediata, em razão do quanto disposto §1º do art. 5º da CF e da própria natureza do comando,[233] independendo de qualquer regulamentação infraconstitucional, e

c) pactos e tratados internacionais desta espécie, que se destinem a ordenar comportamento nas áreas urbanas – como é o caso da tão

---

231. ROCHA, Júlio Cesar de Sá. *Direito da Saúde.* Direito sanitário na perspectiva dos interesses difusos e coletivos. São Paulo: Atlas S.A., 2011, p. 04.

232. LOPES, José Ronaldo de Lima. *Direitos sociais* – teoria e prática. São Paulo: Método, 2006, p. 64.

233. Consoantemente as lições de Kelsen, toda norma é dotada de um mínimo de eficácia, mesmo porque esta é condição de validade da mesma. KELSEN. *Teoria pura do direito,* p. 235-238.

festejada e citada Carta de Atenas – dos quais o Brasil for signatário, poderão vir ao ordenamento na condição de normas constitucionais, consoante disposição do § 3º do art. 5º.

Igualmente, o conteúdo mínimo de determinações extraídas de funções sociais da cidade, dada a sua imbricação com os direitos fundamentais sociais, situa-se no art. 6º, 193 e ss. da Carta Magna, notadamente quanto à educação, a saúde, a alimentação, o trabalho, a moradia, o lazer, a segurança, a previdência social, a proteção à maternidade e à infância, a assistência aos desamparado, além da proteção específica das minorias e do meio ambiente.

Com base nessas premissas, acorda-se com o entendimento de Élida Séguin[234], pode-se assegurar, de maneira geral, que a função social da cidade compreende:

> [...] o direito da população a uma moradia digna, transporte coletivo em número suficiente e com periodicidade compatível com a demanda, saneamento básico, água potável, serviço de limpeza urbana, drenagem das vias de circulação, energia elétrica, gás canalizado, abastecimento de alimentos e bens, iluminação pública, saúde pública, educação, cultura, creche, lazer, contenção de encostas, segurança e preservação, proteção e recuperação do patrimônio ambiental e cultural, com especial enfoque para o entorno.

Ademais, na condição de ínsito à direitos fundamentais sociais, emergem de funções sociais da cidade deveres atinentes ao que a Constituição elege como "estado de bem-estar e justiça social".

Para a escorreita compreensão do afirmado, traz-se a colação Maria Helena Diniz. Esta autora, ao comentar o sentido do bem-estar social salienta que, negativamente, este

> [...] pode ser visto no dever de evitar a pobreza, a marginalização, as desigualdades. Positivamente se localiza na saúde, na previdência, na educação, na cultura, na assistência social, no incentivo ao esporte, à ciência e à tecnologia, na proteção especial à família, à criança, ao adolescente, ao idoso, aos índios, ao meio ambiente ecologicamente sadio, ao sentido social da comunicação e suas técnicas.[235]

---

234. SÉGUIN, Elida. *Estatuto da cidade*: promessa de inclusão social, justiça social. Rio de Janeiro: Forense, 2002, p. 143.

235. FERRAZ JUNIOR, Tercio Sampaio, DINIZ, Maria Helena, GEORGAKILAS, Ritinha Alzira Stevenson. *Constituição de 1988:* legitimidade, vigência e eficácia, supremacia. São Paulo: Atlas, 1989. p. 54.

Há ainda outra importante acepção, segundo a qual, na lição de Nelson Saule Júnior, o preceito constitucional afirmativo da função social em tela "serve como referência para impedir que medidas e ações dos agentes públicos e privados, no desempenho de suas atividades e funções na cidade, provoquem situações de segregação e de exclusão dos habitantes, quando do usufruto da riqueza e dos bens que serão produzidos na cidade".[236]

Pode-se, em síntese, concluir que

> A cidade, como espaço onde a vida moderna se desenrola, tem suas funções sociais: fornecer às pessoas moradia, trabalho, saúde, educação, cultura, lazer, transporte, etc. Mas como o espaço da cidade é parcelado sendo objeto de apropriação, tanto privada (terrenos e edificações) como estatal (ruas, praças, equipamentos, etc.) suas funções têm de ser cumpridas pelas partes, isto é, pelas propriedades urbanas. A política urbana tem, portanto, a missão de viabilizar o pleno desenvolvimento das funções sociais do todo (a cidade) e das partes (cada propriedade em particular).[237]

Desta forma, a norma princípio de funções sociais da cidade tem por alcance a exigibilidade, o dever de e o direito a uma cidade socialmente justa, que deve buscar a inclusão das comunidades através da planificação espacial e políticas públicas de urbanização que minimizem o racismo, a criminalidade, a pobreza, a adequada previsão e gestão das calamidades e catástrofes naturais, a promoção da educação, do acesso à cultura e à informação, inclusive digital, de um espaço habitável, com moradias adequadas, saudável, limpa, circulante, com lazer e mobilidade, dotada de um meio ambiente ecologicamente equilibrado, com geração de emprego e renda, no que se pode resumir na cidade sustentável, tudo como disciplinado pelos arts. 1°, 3°, 5°, 6°, 170, 182, 193 e ss. da Constituição, que ganham densidade e concretude nas normas infraconstitucionais derivadas, notadamente pelo Estatuto da Cidade, lei 10.257/2001, e pelos planos diretores municipais de desenvolvimento urbano, cuja elaboração é, em regra, obrigatória nos termos da própria Constituição (art. 182).

Tudo isso, vale reiterar, imposto por normas fundamentais, intangíveis e irredutíveis, inclusas, por interpretação lógico-sistemática na essência da norma princípio "funções sociais da cidade", atraídas, ainda que sob alguns

---

236. SAULE JÚNIOR, Nelson. *A Proteção Jurídica da Moradia nos Assentamentos Irregulares.* Porto Alegre: Sergio Antônio Fabris, 2004, p. 224.
237. SUNDFELD, Carlos Ari. O Estatuto da cidade e suas diretrizes gerais. In: Estatuto da cidade (comentários à Lei Federal 10.257/2.001). Coordenadores: Adilson Abreu DALLARI e Sérgio FERRAZ. São Paulo: Malheiros, 2003, p. 54.

temperamentos, ao regime jurídico da política urbana e que são objeto de proteção por garantias especiais arroladas nos incisos do art. 5° e cujo fundamento de validade se situa no topo da hierarquia normativa constitucional brasileira.

3. DE FUNÇÕES SOCIAIS DA CIDADE COMO PRINCÍPIO ESTRUTURANTE DO REGIME JURÍDICO DA POLÍTICA URBANA

Como visto ao longo desta tese, elucubra-se as funções sociais da cidade como norma princípio constitucional, direta e simultaneamente relacionada, como parte e derivação a princípios, objetivos e direitos fundamentais da Constituição de 1988.

Do seu conteúdo, isto é, do significado e alcance até aqui descritos, infere-se seu alto grau de generalidade e abstração, a pairar sobre todo o sistema de ordenação das áreas urbanas, uniformizando e indicando as suas diretrizes gerais, as bases de sua concretização nos termos determinados pela Constituição, pelo que assume a posição de princípio constitucional estruturante do regime jurídico da política urbana.[238]

Portanto, não haverá que se falar, por exemplo, no cumprimento da função social da propriedade urbana, também expressada no art. 182 e no 5° da Carta Magna, sem que esta esteja atrelada, respeite e promova as determinações e prestações advindas de funções sociais da cidade.

Do mesmo modo, não se vislumbrará o planejamento urbano válido, em especial no que tange ao processo de formação, de concretização e a matéria de fundo do plano diretor de desenvolvimento urbano constitucional, se este não incorpora aos seus regramentos a prescrição de condutas, obrigações, atribuições e faculdades que comportem e potencializem as funções sociais da cidade.

---

238. Aparentemente em sentido contrário Marcelo Figueiredo: "A política urbana deve ser vista como um elemento da função social da propriedade e um caminho para a redução das desigualdades regionais e sociais, com busca de pleno emprego. Em outras palavras, os princípios gerais da atividade econômica, devem conformar o entendimento da própria política urbana que é executada pelo poder público municipal, à luz dos vetores constitucionais assinalados". FIGUEIREDO, Marcelo. Considerações a respeito da outorga onerosa (solo criado) no Projeto de Lei n. 5.788, de 1990. Working Paper 30-2000/30. Lisboa, Faculdade de Direito da Universidade Nova de Lisboa. E também FALLA, Fernando Garrido. *Tratado de Derecho Administrativo*. Volume II. Madri: Tecnos, 1978, que afirma ser a função social da propriedade o princípio fundante da ordem urbanística.

Finalmente, mas não menos importante, não há que se falar em gestão democrática da cidade se, na ocasião da participação popular em plebiscito, referendo, debates e audiências, da atuação dos conselhos, da publicação dos atos e do fornecimento de informações, não estejam sendo objeto as alternativas de consecução da multimencionada norma.

Esta norma constitucional fundamenta o regime jurídico que conforma a ordenação dos espaços urbanos. Consubstanciam, em última análise, deveres impostos a todos, especialmente para consecução das diretrizes gerais materializadas pelo Estatuto da Cidade (Lei nº 10.257/01), notadamente a garantia do direito a cidades sustentáveis, saneamento ambiental, trabalho, lazer e planejamento do desenvolvimento das cidades, saúde, moradia, educação, segurança, transporte, desenvolvimento sustentável, de modo a evitar e corrigir as distorções do crescimento urbano e seus efeitos negativos sobre esta parte do meio ambiente.

Além disso, a defesa de funções sociais da cidade, enquanto princípio estruturante da ordem urbana, possui relevante papel dogmático.[239] Apesar do inconteste reconhecimento da existência de inúmeras normas jurídicas peculiares ao Direito Urbanístico nos diversos ordenamentos jurídicos, sua autoridade como ramo autônomo do Direito ainda não é pacífica entre os cientistas do Direito pátrio.

Piovezane, em trabalho monográfico anterior à Carta Constitucional vigente, já pontuava que, referida nas Constituições, a matéria se reparte, nem sempre de forma sistemática, no mais das vezes esparsamente, entre os ramos do Direito Privado e Público. No Direito Civil, Penal, Administrativo, Econômico, Tributário, dentre outros, são editadas normas que se refletem na ordenação urbanística, o que, ainda com base nos ensinamentos da obra citada, "não é peculiar ao nosso Direito. Em outros países, onde hoje o Direito Urbanístico apresenta-se com invejável grau de sistematização, em outros tempos já se padeceu da mesma falta de fundamento comum".[240]

Diogo de Figueiredo Moreira Neto, por sua vez, em obra ainda mais remota, insere-o ora num capítulo especial do Direito Ecológico,[241] ora

---

239. HUMBERT, Georges Louis Hage. A autonomia do Direito Urbanístico e a sua importância para o ensino jurídico. In: Patrícia de Menezes Cardoso; Paula Losada Ravanelli; Mariana Levy Piza Fontes. (Org.). ANAIS. ANAIS. 1ed.Porto Alegre: Lex Magister, 2010, v., p. 43-48.
240. PIOVEZANE, Pedro de Milanelo. Elementos de direito urbanístico. São Paulo: RT, 1981, p. 51q
241. MOREIRA NETO. Introdução ao direito ecológico e ao direito urbanístico: instrumentos jurídicos para um futuro melhor, p. 53-54.

como ramo do Direito Administrativo,[242] conceituando-o como "conjunto de técnicas, regras e instrumentos jurídicos, sistematizados e informados por princípios apropriados, que tenha por fim a disciplina do comportamento humano relacionado aos espaços habitáveis".[243]

Outrossim, autores há que sustentam ser o Direito Urbanístico um capítulo do Direito Ambiental.[244] Outros estudiosos que se debruçaram sobre o tema preferem afirmar ser o Direito Urbanístico mero capítulo do Direito Administrativo, ou mesmo capítulo integrante do Direito Econômico.[245]

Existem ainda aqueles que preferem reconhecê-lo como ramo do Direito ainda em formação. Este é o posicionamento de José Afonso da Silva.[246] Ao longo de sua investigação no que se refere ao domínio desta ciência, suscita que

> Parece ainda cedo para falar-se em autonomia científica do direito urbanístico, dado que só muito recentemente suas normas começaram a desenvolver-se em torno do objeto específico que é a ordenação dos espaços habitáveis ou sistematização do território. Mas também – ressalva o mencionado autor –, não parece assistir razão àqueles que pretendem considerá-lo como simples capítulo do direito administrativo ou ramo do direito econômico. Em verdade, o direito urbanístico no Brasil forma-se de um conjunto de normas que compreendem normas

---

242. Idem, p. 56. A maior parte dos autores, dentre eles, Ítalo Di Lorenzo, Virgílio Testa, Pérez Botija, Guaita, Nuñez Ruiz e Jacquignon, entendem o Direito Urbanístico como capítulo do Direito Administrativo. MUKAI, Toshio. Direito Urbano-Ambiental Brasileiro, p. 21. Nelson Saule Júnior, além de coadunar com essa posição, alerta que em face da progressiva normatização do urbanismo (legislações e instrumentos próprios), firmaráo Direito Urbanístico como ramo autônomo do direito público, com caráter multidisciplinar SAULE JÚNIOR, Nelson. Novas Perspectivas do Direito Urbanístico Brasileiro, p. 85.
243. MOREIRA NETO. Introdução ao direito ecológico e ao direito urbanístico: instrumentos jurídicos para um futuro melhor, p. 56.
244. FIORILLO. Estatuto da cidade comentado: Lei 10.257/2001, Lei do meio ambiente artificial, p. 26-28. Em sentido próximo e, em certa medida, admitindo também um sincretismo metodológico com outras ciências, Auzelle assevera: "O direito do urbanismo é uma disciplina que visa também à proteção do meio ambiente enquanto arte de arranjar as cidades sob os aspectos demográficos, econômicos, estéticos e culturais, tendo em vista o bem do ser humano e a proteção do meio ambiente". AUZELLE, Robert. Chaves do urbanismo. Rio de Janeiro: Civilização Brasileira, 1972, p. 103. *Apud* LEAL, Rogério Gesta. Direito urbanístico: condições e possibilidades de constituição do espaço urbano. Rio de Janeiro: Renovar, 2003, p. 147-148.
245. José Afonso cita como integrante da primeira corrente Virgílio Testa e, da segunda, André de Laubadère. Cf. SILVA. *Direito urbanístico brasileiro*, p. 40-41. Eros Roberto Grau, ao prefaciar dissertação de mestrado, indica que entende o Direito Urbanístico como filiado ao Direito Econômico. In: GUERRA. *Aspectos jurídicos do uso do solo urbano*, p. 5.
246. SILVA. *Direito urbanístico brasileiro*, p. 43.

gerais, de competência legislativa da união, hoje consubstanciadas no Estatuto da Cidade; normas suplementares de cada estado de pouca expressão; normas municipais, também de caráter suplementar — agora por força do Estatuto da Cidade, com mais unidade substancial.

Logo após, arremata que "Apesar disso ainda é prudente considerá-lo como uma disciplina de síntese, ou ramo multidisciplinar do Direito, que aos poucos vai configurando suas próprias instituições".[247]

Nesta senda, Pinto Ferreira, assinala que "ainda a tendência atual e de não entendê-lo como um direito autônomo ou uni ramo autônomo da ciência jurídica, embora pensadores de relevo admitam ser um falso problema aquele da autonomia da regra do direito".

Porém, ressalva o próprio autor que[248]

> [...] se podem delinear diversas instituições e institutos que permitem estabelecer o âmbito do direito urbanístico. Ele abrange o conjunto de regras que configuram a ordenação jurídica dos espaços habitáveis, permitindo a floração e o nascimento de instituições especificas como o planejamento urbanístico (plano diretor), o parcelamento do solo, a sua ocupação e reparcelamento, bem como o zoneamento e o uso do solo. Em tais instituições têm de ser observadas determinadas orientações e comandos relativos ao arruamento, loteamento, desmembramento, solo criado e índices urbanísticos (taxas de ocupação do solo, coeficiente de aproveitamento do solo, recuo, gabarito).

Com efeito, a despeito de sua origem recente[249], sustenta-se o Direito Urbanístico como ramo autônomo da ciência do direito e a noção de fun-

---

247. SILVA. *Direito urbanístico brasileiro*, p. 44. Regina Helena Costa compartilha deste mesmo entendimento, ao pontuar que "(...) a autonomia científica do Direito Urbanístico ainda não foi alcançada, sendo-lhe possível extrair-se-lhe alguns princípios, que lhe tocam especialmente o objeto, ainda que não lhe sejam exclusivos". COSTA. Princípios de direito urbanístico na Constituição de 1988. In: DALLARI; FIGUEIREDO (Coord.). *Temas de direito urbanístico 2*, p. 110.

248. Ferreira, P. Comentários à Constituição brasileira. v. VI. São Paulo: Saraiva, 1994. p. 434.

249. Refere-se à concepção do Direito Urbanístico como ramo autônomo da ciência direito. Isto porque, conforme já demonstrado alhures, diversas e anosas são as manifestações normativas e de autores pátrios sobre o tema, ainda que de forma não sistematizada e com base em princípios, institutos e instituições que configurassem a ora sustentada autonomia dentro da ciência do direito. Comprovando o lastro histórico normativo que hoje consubstancia a plausibilidade de da tese ora defendida, tratando da evolução do conhecimento e formação de normas de direito urbanístico no âmbito das normas fundamentais brasileiras, notadamente as constituições historicamente postas, consulte-se, por todos, PIOVEZANE, Pedro de Milanelo. Elementos de direito urbanístico. São Paulo: RT, 1982, p. 34-45. Insta ressaltar que, nas palavras do multimencionado autor, "Algumas

ções sociais da cidade conquanto princípio estruturante da ordem urbanística reforça esta tese e confere utilidade à defendida classificação em ramo autônomo do Direito, sobretudo como meio de potencializar a concretização dos princípios, objetivos e direitos fundamentais pertinentes, conforme se passa a delinear.

Insta destacar que poucas são as faculdades de direito brasileiras que possuem o Direito Urbanístico integrando a sua grade curricular, seja como disciplina obrigatória ou como uma daquelas optativas. Esta constatação decorre, em larga medida, do desconhecimento dos acadêmicos e mesmo dos operadores do direito, ou, no mínimo, o não conhecimento de qual o objeto, princípios, instituições, instrumentos e a finalidade deste ramo da ciência jurídica.

Logo, a temática não faz parte dos assuntos abordados ao longo da formação jurídica e deixa de ser adequadamente conhecida pelos bacharéis que serão os operadores do direito em funções essenciais à justiça – judicante, legislativa, executiva, no ministério público e na advocacia, pública ou privada, ou, quando menos, é objeto de apreciação panorâmica, desprovida da exata compreensão do regime jurídico que lhe é peculiar.[250]

O resultado é a recorrente inadequada solução para os conflitos afetos à tutela dos espaços urbanos.[251] Logo, é fundamental se advogar o Direito Urbanístico como ramo autônomo do direito, mesmo porque, presentes os requisitos científicos para tanto, consoante se pretende – com rigor metodológico e fixadas as devidas premissas que embasam este mote – demonstrar nas próximas linhas.[252]

---

regras interessantes são encontradas nas ordenações e Leis do Reino de Portugal, recopiladas por mandado do Rei D. Filipe Primeiro, bem como na Constituição do Império de 25 de março de 1824 e legislação decorrente". Op. cit., p. 34.

250. Maurício Balesdent também revela essa preocupação e a importância do estudo do Direito Urbanístico. BARREIRA, Maurício Balesdent. Direito urbanístico e o município. *In* FERNANDES, Edésio, organizador. Belo Horizonte: Del Rey, 1998, p. 15 -16. Sobre o tema e a evolução dos estudos do Direito Urbanístico no Brasil, consulte-se FERNANDES, Edésio. Direito do urbanismo: entre a "cidade legal" e a "cidade ilegal". *In* FERNANDES, Edésio, organizador. Belo Horizonte: Del Rey, 1998, p. 3-14.

251. A mesma preocupação revela Edésio Fernandes. FERNANDES, Edésio. Direito e urbanização no Brasil. *In* FERNANDES, Edésio, organizador. Belo Horizonte: Del Rey, 1998, p. 204-205.

252. Confira-se, a propósito: HUMBERT, Georges Louis Hage. Direito urbanístico e função socioambiental da propriedade imóvel urbana. Belo Horizonte: Fórum, 2008 e HUMBERT, Georges Louis Hage. A autonomia do Direito Urbanístico e a sua importância para o ensino jurídico. *In*: Patrícia de Menezes Cardoso; Paula Lousada Ravanelli; Mariana Levy Piza Fontes. (Org.). ANAIS. ANAIS. 1ª ed. Porto Alegre: Lex Magister, 2010, v., p. 43-48.

A partir do escol de Celso Antônio Bandeira de Mello, "Diz-se que há uma disciplina juridicamente autônoma quando corresponde a um conjunto sistematizado de princípios e regras que lhe dão identidade, diferenciando-a das demais ramificações do Direito. "[253]

Em decorrência, é preciso empreender que

> [...] o sistema de uma disciplina jurídica, seu regime, portanto, constitui-se do conjunto de princípios que lhe dão especificidade em relação ao regime de outras disciplinas. Por conseguinte, todos os institutos que abarca – à moda do sistema solar dentro do planetário – articulam-se, gravitam, equilibram-se, em função da racionalidade própria deste sistema específico, seguindo as peculiaridades que delineiam o regime (...) dando-lhe tipicidade em relação a outros.[254]

Vale dizer, para se reconhecer a autonomia de determinado ramo da ciência jurídica, é indispensável identificar alguns elementos essenciais que o conforma. É preciso colher no ordenamento um plexo normativo que lhe seja correspondente, institutos afins, o regime jurídico, além de precisar o objeto de estudo que lhes sejam próprios, formulando-se um conceito.[255]

Ora, da atual Constituição Federal extrai-se um plexo de normas de Direito Urbanístico. São regras e princípios próprios, determinando-se uma série de competências das mais diversas naturezas, incluindo-se, ainda, um capítulo exclusivo dedicado à Política Urbana, sendo imperioso ressaltar a

---

253. BANDEIRA DE MELLO. *Curso de direito administrativo*, p. 43.
254. BANDEIRA DE MELLO. *Curso de direito administrativo*, p. 79.
255. Para Federico Spantigati a definição do Direito Urbanístico deve ser estudada utilizando dois critérios: um material, de acordo com o objeto regulado, e outro, substancial, obedecendo à unidade de princípios que constituem uma instituição. E que a definição do Direito Urbanístico se limitou durante muito tempo ao aspecto material, isto é, individualizava as normas que regulavam o desenvolvimento e a sistematização da cidade e do território, ainda que estas normas pertencessem a instituições diversas e obedecessem a princípios opostos. Mas, na atualidade, pelo contrário, a doutrina persegue uma unificação substancial das normas que regulam o urbanismo. Spantigati, F. Manual de derecho urbanístico. Trad. espanhola. Madrid: Montecorvo, 1973. p. 29. No mesmo sentido, FARIA, Manuel Veiga de. Elementos de direito urbanístico. Coimbra: Coimbra editora, 1977, p. 29. Este conceitua o Direito Urbanístico como sendo "o conjunto de regras dirigidas à organização global território em ordem a melhor o aproveitar e desenvolver, esse conjunto de normas, que regula a planificação e sistematização do espaço nacional e com base no qual as construções são edificadas, as zonas verdes são protegidas, as paisagens preservadas, a harmonia estética consolidada, de acordo com os estudos técnicos dos urbanistas. O direito urbanístico não cria zonas verdes, nem paisagens, nem harmonia estética...: essas são preocupações dos técnicos urbanistas. O direito urbanístico visa o apoio legal do resultado desses estudos, a sua consagração, a viabilidade de sua aplicação prática e até mesmo a viabilidade de sua realização". Op. Cit. P. 31.

menção expressa ao Direito Urbanístico como um dos ramos contemplados no ordenamento pátrio.[256]

Este conjunto de princípios e regras não se limita à Constituição. São inúmeras as leis versando acerca do uso e ocupação, parcelamento e zoneamento do solo e áreas urbanas.[257]

Igualmente, não se pode olvidar a existência de um estatuto geral próprio de Direito Urbanístico: é a Lei nº 10.257/2001, autodenominada Estatuto da Cidade que, seguramente, é norma geral de Direito Urbanístico – a despeito deste diploma legal conter normas pertinentes a outros ramos do Direito –, por estarmos diante de ramo multidisciplinar e mesmo pela configuração sistêmica, concatenada do Direito.

É o que, sem maior esforço, infere-se do art. 1º da citada lei e seu parágrafo único. Ademais, é de se ressaltar a existência de uma série de elementos e institutos jurídicos específicos de Direito Urbanístico. Aos já consolidados, solo criado, parcelamento, edificação ou utilização compulsórios e direito de preempção,[258] plano diretor, desapropriação, foram, com o advento do Estatuto da Cidade, agregados novos componentes, tais quais a transferência do direito de construir, a outorga onerosa do direito de construir, as operações urbanas consorciadas e o estudo de impacto de vizinhança.

Por fim, mas não menos importante, insta destacar que, conforme sobredito, identificam-se princípios jurídicos que são específicos, particulares o denominado Direito Urbanístico, sobrelevando-se o de funções sociais da cidade, diretamente ligado a princípios, objetivos e fundamentos da República Federativa do Brasil[259.]

---

256. Vide o disposto no art. 24, I da Constituição da República, ao tratar das competências concorrentes entre os entes federativos.

257. Por todas, a Lei nº 10.257, autodenominada Estatuto da Cidade, o Decreto-Lei nº 25/1937, que organiza a proteção do patrimônio histórico e artístico nacional, decretos nº 59/1937, nº 271/1967 e Lei nº 6.766, que dispõem sobre parcelamento e loteamento do solo urbano, Lei Complementar nº 14/1973, que estabelece algumas regiões metropolitanas, e a Lei nº 5.917, que aprova o plano nacional de viação.

258. Sobre esses três clássicos elementos do Direito Urbanístico, consulte-se, por todos, LIRA. *Elementos de direito urbanístico*, especialmente p. 155-170.

259. Quanto aos princípios jurídicos de Direito Urbanístico, remete-se a HUMBERT, Georges Louis Hage Humbert. Direito Urbanístico e função socioambiental da propriedade imóvel urbana. Belo Horizonte: Fórum, 2009, a HUMBERT. Da incidência do princípio da função social da propriedade nos municípios não obrigados a editar plano diretor. Revista Magister de Direito Ambiental e Urbanístico e a HUMBERT Princípios constitucionais informadores do direito urbanístico. Revista Magister de Direito Ambiental e Urbanístico.

Neste passo, frisa-se, saliente é o princípio da função social das cidades (ou das áreas urbanas), objeto desta tese, o qual constitui o núcleo central do Direito Urbanístico, verdadeira pedra angular desse microssistema, consoante restou evidenciado a partir da análise de seu conteúdo legal ao longo desta tese.[260]

Daí porque, já em 1977, Hely Lopes Meireles, de forma pioneira, já defendia que Direito Urbanístico é o "ramo autônomo do direito público destinado ao estudo e formulação dos princípios e normas que devem reger os espaços habitáveis, no seu conjunto campo-cidade".[261]

Não é outra a conclusão de Mattos, para quem, "o regulamentar o capítulo constitucional sobre a política urbana, o Estatuto da Cidade confirmou, de maneira inequívoca, o Direito Urbanístico como ramo autônomo do Direito Público brasileiro".[262]

Destarte, configura-se a partir da concepção defendida nesta tese quanto ao conteúdo jurídico de funções sociais da cidade com a conotação dogmática de princípio jurídico estruturante da ordem urbana, o seu alcance de base, verdadeiro sustentáculo metodológico da autonomia científica do Direito Urbanístico, útil para o escorreito conhecimento e operação das normas jurídicas pertinentes.

Define-se este como o ramo do Direito Público[263] que tem por objeto as normas jurídicas – regras e princípios – que regulam e disciplinam a atividade urbanística[264] nos espaços habitáveis, visando a plena consecução

---

Partindo de premissas semelhantes e chegando à mesma conclusão, CAMMAROSANO, Márcio. Direito administrativo, urbanístico e ambiental: interfaces. *In* BEZNOS, Clóvis; CAMMAROSANO, Márcio (Coord.). Direito ambiental e urbanístico: estudos do Fórum Brasileiro de Direito Ambiental e Urbanístico. Belo Horizonte: Fórum, 2010, p. 11-19, p. 15.

260. Como já dito, outro princípio jurídico próprio é o da função social da propriedade urbana, inserido nos art. 182; 5° XXIII e 170, III da C.F, art. 39 do E.C e 1.228, § 1° do C.C. Agregam-se a estes os do planejamento urbanístico e da gestão democrática da cidade (ou das áreas urbanas).

261. MEIRELLES, Hely Lopes. Direito Municipal Brasileiro. São Paulo: RT, 1977, p. 589.

262. MATTOS, Liana Portilho. Do código civil de 1916 ao Estatuto da cidade. In Estatuto da cidade comentado: Lei n. 10.257, de 10 de julho de 2001. Organizadora: Liana Portilho Mattos. Belo Horizonte: mandamentos, 2002.

263. Também sustenta a inclusão do Direito Urbanístico como ramo do Direito Público CAMMAROSANO, Márcio. Direito administrativo, urbanístico e ambiental: interfaces. *In* BEZNOS, Clóvis; CAMMAROSANO, Márcio (Coord.). Direito ambiental e urbanístico: estudos do Fórum Brasileiro de Direito Ambiental e Urbanístico. Belo Horizonte: Fórum, 2010, p. 11-19, p. 13.

264. O termo "atividade urbanística" aqui é utilizado no mesmo sentido explicitado por José Afonso da Silva, qual seja, como "uma função do Poder Público que se realiza por meio de

de funções sociais da cidade, consoante exprime o art. 182 da Constituição Federal.[265]

Sumula-se, com espeque nestas premissas, que o Direito Urbanístico possui relevância e significado científico para a taxonomia do direito em ramos e sub-ramos. Tem linguagem, objeto, institutos, finalidades, regras e princípios prescritivos que lhe são próprios, característicos mesmo, elementos que verdadeiramente demonstram o rigor e utilidade de sua autonomia científica[266] e as funções sociais da cidade estará pairando sobre esse plexo.

Destarte, finda-se que é o Direito Urbanístico ramo autônomo da ciência jurídica,[267] uma vez que possui uma ordenação sistematizada de regras e princípios que lhe são peculiares e configuram um regime jurídico específico, tendo por objeto de estudo próprio as normas jurídicas disciplinadoras dos espaços urbanos (ou, para alguns, habitáveis), sob a égide, sob a viga mestra da norma jurídica princípio "funções sociais da cidade", a qual, por esta razão, lhe confere densidade positiva e metodológica.[268] Todavia,

---

procedimentos e normas que importam transformar a atividade urbana". SILVA. *Direito urbanístico brasileiro*, p. 71.

265. Em sentido contrário, em aparente confusão entre Direito Urbanístico e Urbanismo, parte significativa da doutrina nacional e estrangeira. Por todos, cite-se Werner, para quem "O Direito Urbanístico é uma ciência que tem por finalidade a organização do território. Seu objeto é a transformação e o desenvolvimento das localidades, dando o máximo de bem-estar aos cidadãos, conservando, preservando e mantendo valores e bens comunitários que são imprescindíveis para garantir a habitação, o trabalho, a recreação e a melhor circulação dos habitantes". WERNER, Patrícia Ulson Pizarro. Licenças urbanísticas. *In* Figueiredo, Guilherme José Purvin de. *Temas de direito ambiental e urbanístico*. São Paulo: Max Limonad, 1998, p. 301-302.

266. Noutro prisma, ainda sem reconhecer sua autonomia, Renata Peixoto define o direito urbanístico como "uma disciplina que a cada dia ganha foros de desenvolvimento, justamente porque a cidade, essência do urbanismo, e onde tal incide, exige diuturnamente a sua participação, quer seja buscando compor litígios, quer seja oferecendo os instrumentos necessários para que o Poder Público e o particular possam encontrar formas de convivência no âmbito de seus interesses". PINHEIRO, Renata Peixoto. *Desapropriação para fins urbanísticos em favor do particular*. Belo Horizonte: Fórum, 2004.

267. Não podemos deixar de mencionar que esta autonomia é relativa, uma vez que o estudo do Direito Urbanístico não pode, como é próprio da Ciência do Direito, se dar de forma isolada, pelo que são imprescindíveis ao conhecimento deste as diretrizes basilares do Direito Constitucional e Administrativo. Diga-se, outrossim, que se trata de autonomia no plano da ciência do direito, da atividade descritiva do Direito e não de autonomia no plano do direito positivo, já que este último é uno, indivisível, sistema ordenado de normas.

268. Cumpre esclarecer que importante segmento da doutrina prefere falar em "direito à cidade" ou "Direito das Cidades". Remete-se, por todos, à ALFONSIN, Betânia de Moraes.

não se pode olvidar que esta autonomia é relativa, uma vez que tem por objeto o estudo de normas jurídicas, as quais, conforme lição recorrente, nunca podem ser examinadas isoladamente.[269]

4. DE FUNÇÕES SOCIAIS DA CIDADE COMO FUNDAMENTO E LIMITADOR DOS ATOS DE PODER

A partir do já desvelado sentido da norma princípio das "funções sociais da cidade", assentou se tratar a mesma de componente dos princípios e objetivo da República Federativa do Brasil e como diretamente derivada e norma de concreção material dos direitos fundamentais. Por conseguinte, é possível extrai outro alcance da multimencionada norma objeto desta tese. Em rigor, um duplo alcance: a de fundamento e de limitador dos atos de poder.

Para se chegar a esta conclusão, imperioso notar que, a partir do alinhamento das "funções sociais da cidade" aos princípios e objetivos da república e aos direitos fundamentais, as mesmas passam a incidir sob as formas de se assegurar que citados preceitos sejam atingidos.

Neste passo, sabe-se que as constituições foram criadas para garantir a concretização dos direitos fundamentais. Não basta afirmar tal característica desses direitos, mas sim, efetivá-los, razão pela qual é insofismável que os direitos fundamentais têm um núcleo essencial. Esse núcleo essencial é uma garantia que o conteúdo mínimo essencial de um direito fundamental seja protegido, não cabendo suprimi-lo ou relativizá-lo.

Reforça esta tese porque ligado aos objetivos fundamentais postos pelo art. 3° da Constituição. Decorrentemente, na assertiva de Cármen Lúcia Antunes Rocha, "todos os verbos utilizados na expressão normativa – construir, erradicar, reduzir, promover – são de ação, vale dizer designam um comportamento ativo", dirigindo comportamentos prestacionais, ativos a serem materializados pelo estado, notadamente, por quem detém função, competências, deveres-poderes.

Elementos para se pensar o direito à cidade sustentável na nova ordem jurídico-urbanística brasileira. In Estatuto da cidade: os desafios da cidade justa. Organizadores: Andréa Quadrado Mussi; Daniela Gomes; Vanderlei de Oliveira Farias. Passo Fundo: IMED, 2011, p. 34.

269. Kelsen, Hans. Teoria pura do Direito. Op. cit. p. 52.

Ligados aos ditames de justiça social, erradicação da pobreza, promoção da igualdade regional, como direito social, deve ser efetivado através de um plexo de ação estabelecidos a partir de um conteúdo mínimo de deveres e direitos postos para o alcance da justiça social, em larga medida mediante de formas de atuação positiva, as também denominadas ações prestacionais do Poder Público, bem como negativas, as quais reclamam uma atitude de abstenção dos poderes estatais em razão do qual emergem os nomeados direitos de defesa. [270]

Com apoio em Canotilho, pode-se afirmar que os direitos prestacionais são aqueles que emergem "(1) a partir da garantia constitucional de certos direitos (2) se reconhece, simultaneamente, o dever do Estado na criação dos pressupostos materiais indispensáveis ao exercício efectivo desses direitos; (3) e a faculdade de o cidadão exigir, de forma imediata, as prestações constitutivas desses direitos. "[271]

Os de defesa, por sua vez, são "...integrados principalmente pelos direitos a liberdade, igualdade, direitos-garantia, garantias institucionais, direitos políticos e posições jurídicas fundamentais" os quais "... se dirigem a um comportamento omissivo do Estado ou dos destinatários da norma"[272]

Os direitos ou a função de defesa ou de liberdade impõe ao Estado um dever de abstenção. Essa abstenção, segundo José Carlos Vieira de Andrade, significa dever de não-interferência ou de não-intromissão, respeitando-se o espaço reservado à sua autodeterminação; nessa direção, impõe-se ao Estado a abstenção de prejudicar, ou seja, o dever de respeitar os atributos que compõem a dignidade da pessoa humana.[273]

Em torno do tema, Canotilho ensina que a função de defesa ou de liberdade dos direitos fundamentais tem dupla dimensão:

    1) constituem, num plano jurídico-objectivo, normas de competência negativa para os poderes públicos, proibindo

---

270. A propósito do tema, confira-se: CANOTILHO, J. J. Gomes. *Direito Constitucional e teoria da Constituição*. Coimbra: Almedina, 2002; ANDRADE, José Carlos Vieira. *Os Direitos Fundamentais na Constituição Portuguesa de 1976*. Coimbra: Almedina, 1998; SARLET, Ingo Wolfgang. *A eficácia dos direitos fundamentais*: uma teoria geral dos direitos fundamentais na perspectiva constitucional. Porto Alegre: Livraria do Advogado Editora, 2011.

271. CANOTILHO, J. J. Gomes. *Direito Constitucional e teoria da Constituição*. Coimbra: Almedina, 1998, p. 554.

272. SARLET, Ingo Wolfgang. A eficácia dos direitos fundamentais: uma teoria geral dos direitos fundamentais na perspectiva constitucional. Porto Alegre: Livraria do Advogado Editora, 2011, p. 27.

273. ANDRADE, José Carlos Vieira Os Direitos Fundamentais na Constituição Portuguesa de 1976. Coimbra: Almedina, 1998, p. 192.

fundamentalmente as ingerências destes na esfera jurídica individual;

2) implica, num plano jurídico-subjectivo, o poder de exercer positivamente direitos fundamentais (liberdade positiva) e de exigir omissões dos poderes públicos, de forma a evitar agressões lesivas por parte dos mesmos (liberdade negativa)[274]

Alvitra-se que cumprem um conjunto de atribuições, as quais, ainda segundo as recorrentes lições de Canotilho são:

> A função de defesa ou de liberdade: os direitos fundamentais visam, num plano jurídico-objetivo estabelecer normas de competência negativa para os poderes públicos, proibindo-os de interferirem na esfera jurídica individual dos cidadãos assim como implicam, num plano jurídico-subjetivo, o poder de exercer positivamente direitos fundamentais (liberdade positiva) e de exigir omissões dos poderes públicos, de forma a evitar agressões lesivas por parte dos mesmos (liberdade negativa). A função de defesa ou de liberdade dos direitos fundamentais tem dupla dimensão: plano jurídico-objetivo: normas de competência negativa para os poderes públicos, proibindo fundamentalmente as ingerências destes na esfera jurídica individual; plano jurídico-subjetivo: o poder de exercer positivamente direitos fundamentais (liberdade positiva) e de exigir omissões dos poderes públicos, de forma a evitar agressões lesivas por parte dos mesmos (liberdade negativa). A função de prestação social: os direitos fundamentais significam, em sentido restrito, o direito do particular a obter alguma coisa do Estado (saúde, educação, segurança social); A função de prestação social dos direitos fundamentais tem grande relevância em sociedades, como é o caso do Brasil, onde o Estado do bem-estar social tem dificuldades para ser efetivado. A função de proteção perante terceiros: os direitos fundamentais das pessoas precisam ser protegidos contra toda sorte de agressões. Esta função impõe ao Estado um dever de proteção dos cidadãos perante terceiros. A função de não discriminação: a função de não discriminação diz respeito a todos os direitos fundamentais.[275]

Revela notar que, sejam direitos prestacionais e os direitos de defesa, exigem, impõe comportamentos, positivos ou negativos do Poder Público, delimitando e disciplinando o exercício de suas funções precípuas, conforme sua repartição constitucional.

---

274. CANOTILHO, J. J. Gomes. Direito Constitucional e Teoria da Constituição. 6. ed. Coimbra: Almedina, 2002, p. 407.

275. Idem, p. 408.

O Poder Público, vale dizer, não pode exercer suas funções, seus deveres-poderes sem que cumpram as determinações impostas pelas normas princípios e objetivos fundamentais, bem como nos termos e nos limites prescritos pelos direitos fundamentais, notadamente aqueles de cunho social que destes derivam, a exemplo da ora estudada norma princípio jurídico das "funções sociais da cidade".

Noutro giro: ao Estado Democrático de Direito positivado pela República Federativa do Brasil, conforme ditames da Constituição de 1988, deve atuar, por intermédio de seus poderes ou funções constituídos para promover, concretizar e garantir os direitos em epígrafe, seja quanto à produção normativas, direcionando-se, nesta hipótese, principalmente ao Poder Legislativo, quanto à execução material dos comandos, entregando à comunidade aquilo que lhe é outorgado pela ordem vigente, incidindo, nesta hipótese, com primazia aos atos do Poder Executivo, além de se dirigirem aos atos de solução dos eventuais conflitos entre os titulares dos multimencionados direitos, assim como entre estes e o próprio Poder Público, tarefa esta acometida ao Judiciário.

Portanto, o Estado, seja ele legislador, administrador ou juiz, deve sempre eleger as melhores opções possíveis na consecução das suas funções, inclusive quanto às políticas públicas. [276]

---

276. Políticas públicas que já foram objeto do capítulo anterior desta tese e que são definidas por Maria Paula Bucci como "programas de ação governamental visando a coordenar os meios à disposição do Estado e as atividades privadas para a realização de objetivos socialmente relevantes e politicamente determinados. Políticas públicas são metas coletivas conscientes e, como tais, um problema de direito público, em sentido lato. " BUCCI, Maria Paula Dallari. *Direito Administrativo e Políticas Públicas*. São Paulo: Saraiva. 2002, p. 241. Já Fonseca Pires afirma que as mesmas são "'programas' traçados – de modo cogente, imperativo – pela Constituição e por leis ordinárias, e de execução a priori atribuída ao órgão competente à sua realização material, o Poder Executivo, que deve realizá-los por si ou transferi-los para a execução – mas mantê-los em fiscalização – por terceiros." PIRES, Luís Manuel Fonseca. *Controle Judicial da Discricionariedade Administrativa*. Dos Conceitos Jurídicos Indeterminados às Políticas Públicas. Editora Campus Jurídico/ Elzevir, 2008, p.286. Importante consignar que não é o objetivo deste trabalho ingressar na incursão sob o conceito de "políticas públicas", nem mesmo da sua natureza de ato discricionário, muito menos a forma, método e substância de seu possível controle. Contudo, não se pode deixar de revelar que entende-se estas como ato de poder, sujeito aos controles internos e externos constitucionalmente previstos, sendo certo que normas como a ora debatida são base para fundar a impugnação e direcionar o comportamento ou a melhor solução para o caso. Para efeitos desta tese entende-se as políticas públicas na acepção de atuações do ente estatal derivadas do exercício de competência, de verdadeiros deveres-poderes que lhes são atribuídos pela ordem jurídica, principalmente a partir de mediante o cumprimento de diretrizes a serem seguidas,

Nesta toada, Bruno Cunha[277] enuncia, com acerto, que:

> [...] as dúvidas sobre essa margem de abertura (discricionariedade) deixada ao administrador – em rigor, deixada ao Poder Público, como referido nesta tese –, ao na formulação e implementação de políticas públicas, poderão e deverão ter sua análise realizada em função dos mandamentos constitucionais dirigentes, no âmbito social, garantindo-se a implementação de tais políticas sempre que se vislumbrar, caso a caso, a adequação proporcional entre a atuação estatal e as finalidades constitucionalmente preconcebidas.

Não por outra razão merecem destaque as garantias fundamentais extrajudiciais, como o direito de petição, de informação, ao sigilo, e judiciais, tais como o Mandado de Segurança, a Ação Popular, a Ação Civil Pública, a ADIN, ADC, ADPF, o Mandado de Injunção, o *Habeas Corpus* e o *Habeas Data*, que visam defender os interesses públicos e os direitos subjetivos, contra atos comissivos ou omissos praticados pelo Poder Público.

É dizer, instrumentalizam, de modo especial, a tutela dos direitos mais comezinhos que são atribuídos a todo aquele sob a jurisdição brasileira e o cumprimento pelo Poder Público daquilo lhe é determinado pelos princípios, objetivos e direitos da República, sendo certo que nestes se incluem, ainda que por derivação, aquilo que integra que se qualificou como conteúdo jurídico – sentido e alcance – das "funções sociais da cidade", consoante exaustivamente defendido no âmbito desta tese.

---

programas a serem perseguidos e alcançados, diretamente relacionados e conformados pelos princípios, objetivos e direitos fundamentais, cujo denominador é a justiça social, o bem-estar social a dignidade da pessoa humana, consoante a normatividade que emana e se encontra plasmada na Constituição. As políticas públicas são, portanto, um conjunto de ações do poder público voltadas a produzir resultados determinados, disciplinados e condicionados pelas citadas prescrições. São, assim, uma junção entre atos técnico-administrativas, legislativos, políticos, no sentido amplo, e judicantes, mas todos delineados pela Norma Suprema e conteúdo que desta se extraí. Aproxima-se o ora sustentado das ponderações de Marcos Sampaio, quando esclarece que "sob o regime da legalidade, coube ao legislador a relevante tarefa de conduzir o Estado na realização dos direitos fundamentais, implementando-o e estabelecendo os marcos de sua concreção, com certa discricionariedade. Certa, porque essa abertura não significa que podem, nessa tarefa, agir ao seu talante, desconsiderando a necessidade de obediência à que lhe outorgou o dever-poder, quem seja, a Constituição. " SAMPAIO, Marcos. O conteúdo essencial dos direitos fundamentais [Artigos do corpo docente]. Revista do Curso de Direito da UNIFACS Universidade Salvador, Vol. 11-2011, p. 18-35. Editora IOB. Pg. 20.

277. CUNHA, Bruno Santos. Direitos Fundamentais: da Constituição às políticas públicas. Ver. Bras. de Políticas Públicas. Brasília, v.1, n.1, p.65/82, jan/jun.2011. Disponível em: <http://www.publicacoesacademicas.uniceub.br/index.php/RBPP/article/viewFile/1214/1090> Acesso em 12 de março de 2013.

Aplica-se ao ora sustentado o quanto disposto acerca da determinação constitucional de competências quanto à temática. Da leitura da norma base do sistema jurídico brasileiro é possível extrair que o dever-poder de legislar sobre matérias direito urbanístico é concorrente da União, dos Estados, do Distrito Federal e dos Municípios nos termos do arts. 24, I, 30, I, II, VIII e 182, valendo lembrar que no âmbito da legislação concorrente a União só pode editar normas gerais.

Há ainda atribuições legislativas e executivas da União no que tange à elaboração e execução dos planos nacionais e regionais de ordenação do território e de desenvolvimento econômico e social (art. 21, IX da Constituição), aliada à competência para a instituição das diretrizes para o desenvolvimento urbano, inclusive habitação, saneamento básico e transportes urbanos (art. 21, XX da Constituição).

Já aos Estados compete instituir, por lei própria, as regiões metropolitanas, aglomerações urbanas e microrregiões, as quais deve exercer a função executiva de gestão (art. 25, § 3º da Constituição). Aos Municípios, por sua vez, é imputado legislar sobre assuntos de interesse local, promover no que couber, adequado ordenamento territorial, mediante planejamento e controle do uso, do parcelamento e da ocupação do solo urbano (tudo com forme art. 30 da Constituição), estando, ademais, ao seu cargo a função basilar em matéria de política urbana: a elaboração e implementação do plano diretor de desenvolvimento urbano – PDDU (art. 182 da Constituição).

As "funções sociais da cidade" assume a posição de norma jurídica que, simultaneamente, fundamenta, inicia, o processo de materialização dos deveres-poderes acima mencionados, inclusos os discricionários, e igualmente os encerra, na exata medida que serve ao controle de validade do ato final deste sistêmico processo. E veja-se: refere-se aqui à sujeição destes fundamentos e controle de validade por todos os deveres-poderes, isto é, não só como o já classicamente controle, no sentido de sua retirada do sistema e responsabilidade, precipuamente no âmbito cível, penal, administrativo – inclusive por ato de improbidade, dos atos praticados pelo executivo, ou administração pública, como também pelo legislativo[278] e pelo judiciário[279].

---

278. A propósito do tema, consulte-se ZOCKUN, Maurício. Responsabilidade patrimonial do Estado: matriz constitucional, a responsabilidade do Estado por atos legislativos, a obrigatoriedade da prévia indenização e a responsabilidade pessoal do parlamentar. São Paulo: Malheiros, 2010>

279. Anota Carmen Lúcia Antunes Rocha: "O direito à jurisdição é o direito público subjetivo constitucionalmente assegurado ao cidadão de exigir do Estado a prestação daquela

atividade. A jurisdição é, então, de uma parte, direito fundamental do cidadão, e, outra, dever do Estado". E segue abalizando que "Não basta, contudo, que se assegure o acesso aos órgãos prestadores da jurisdição para que se tenha por certo que haverá estabelecimento da situação de justiça na hipótese concretamente posta a exame. Para tanto, é necessário que a jurisdição seja prestada – como os demais serviços públicos – com a presteza que a situação impõe. A presteza da resposta jurisdicional pleiteada contém-se no próprio conceito do direito-garantia que a jurisdição representa". E finaliza: "A liberdade não pode esperar, porque, enquanto a jurisdição não é prestada, ela pode estar sendo afrontada de maneira irreversível; a vida não pode esperar, porque a agressão ao direito à vida pode fazê-la perder-se; a igualdade não pode aguardar, porque a ofensa a este princípio pode garantir a discriminação e o preconceito; a segurança não espera, pois a tardia garantia que lhe seja prestada pelo Estado terá concretizado o risco, por vezes, com a só ameaça que torna incertos todos os direitos". ROCHA, Carmén Lúcia Antunes. O Direito Constitucional à Jurisdição, *In*: **As Garantias do Cidadão na Justiça**, Sálvio de Figueiredo Teixeira (coord.). São Paulo: Saraiva, 1993. p. 32 e 35. Por isso, com razão Pondé, ao asseverar que "relativamente aos atos judiciários, ninguém pode hoje acobertá-los de imunidade sobre pretexto de serem expressão de soberania. Este argumento provaria demais, porque daria com a irresponsabilidade mesma da Administração e do Legislativo, já que o Judiciário não é um superpoder colocado sobre estes dois. Aquela arguição é destituída de todo e qualquer fundamento jurídico. O serviço judiciário é um setor de funcionamento do Estado, como o são todos os demais serviços públicos; distingue-se destes tão só pela função jurisdicional, que preferentemente ele exerce. Isto, porém, não o eleva acima da ordem jurídica, a cuja fiel e exata aplicação ele se destina. E, até mesmo por sua destinação específica, os danos que ele cause ser o mais prontamente reparados, para que não permaneça sem remédio a violação sofrida pela vítima que o buscara sedenta de justiça". PONDÉ, Lafayette. Estudos de Direito Administrativo. Belo Horizonte: Del Rey, 1995, p.315. Canotilho, tratando do sistema jurídico português, corrobora: "Não obstante as reticências da jurisprudência portuguesa, a orientação mais recente de alguns países vai no sentido de consagrar a responsabilidade dos magistrados (de tribunais individuais e colectivos) quando a sua actividade dolosa ou gravemente negligente provoca um dano injusto aos particulares. Sob pena de paralisar o funcionamento da justiça e perturbar a independência dos juízes, impõe-se aqui um regime particularmente cauteloso, afastando, desde logo, qualquer hipótese de responsabilidade por actos de interpretação das normas de direito e pela valoração dos factos e da prova. Por outro lado, é duvidoso que, fora dos casos de responsabilidade penal e disciplinar do juiz, se possa admitir a responsabilidade civil do juiz com a consequente possibilidade de direito de regresso por parte do Estado. No entanto, podem descortinar-se hipóteses de responsabilidade do Estado por actos ilícitos dos juízes e outros magistrados quando: (1) houver grave violação da lei resultante de "negligência grosseira"; (2) afirmação de factos cuja inexistência é manifestamente comprovada pelo processo; (3) negação de factos, cuja existência resulta indesmentivelmente dos actos do processo; (4) adopção de medidas privativas da liberdade fora dos casos previstos na lei; (5) denegação da justiça resultante da recusa, omissão ou atraso do magistrado no cumprimento dos seus deveres funcionais. Foi neste sentido que se orientou a lei italiana de 13 de abril de 1988, nº 117, depois de uma consulta referendista. No mesmo sentido, pode ver-se a lei francesa de 5 de julho de 1972, artigo 11º, relativa à reparação de danos provocados pelo funcionamento "defeituoso" do serviço de justiça, existindo "falta grave" (culpa) ou denegação da justiça" CANOTILHO, J. J. Gomes. *Direito Constitucional e Teoria da Constituição*. Coimbra: Livraria Almedina, 1993, p. 660.

Do exposto percebe-se que se nem todos atos do Poder Público na ordenação dos espaços habitáveis, diga-se, das áreas urbanas, é exercido de modo vinculado, este se encontra constitucionalmente vinculado à prestação dos referidos direitos basilares no exercício de seu mister, na mínima medida pré-estabelecida pela própria Constituição a partir da norma princípio das "funções sociais da cidade", estruturante da política urbana brasileira.

Dessa forma, as políticas públicas voltadas ao cumprimento de funções sociais da cidade têm como objetivo a concretização dos deveres daí decorrentes, umbilicalmente relacionados à questão da cidadania e do regime jurídico de direito público, cuja nota peculiar é a ampla participação comunitária nas decisões e o planejamento eficiente das intervenções, bem como, em sua substância, visando à consecução dos direitos sociais insculpidos na Constituição Federal, devendo ser implantadas de acordo com os ditames constitucionais, possibilitando assim, "a efetivação da chamada Constituição Cidadã na plenitude dos seus efeitos[280]".

Destarte, o Estado brasileiro deve, na forma e na substância constitucional, se valer de políticas públicas que sejam idôneas a garantir esse direito, no exercício de deveres-poderes, com base na determinação contida no princípio constitucional de funções sociais da cidade e mesmo porque "qualquer política pública no Brasil tem como função nuclear a de servir como esfera de intermediação entre o sistema jurídico constitucional (e infraconstitucional) e o mundo da vida Republicano, Democrático e Social que se pretende instituir no país."[281]

Cabe àquele que age no mister público eleger e concretizar as melhores maneiras de concretizar os direitos fundamentais à cidade, diga-se, ínsitos à gestão das áreas urbanas, atuando de forma a efetivá-los ao máximo, estabelecendo e executando políticas públicas capazes de garantir o conteúdo essencial desses direitos, conforme se tem delineado ao longo desta tese, representando "uma barreira de defesa da cidadania a ações violadoras praticadas pelas autoridades constituídas[282]", sendo que para a sua tutela estão à disposição um manancial de medidas extrajudiciais e judiciais, além

---

280. GOMES, Marco Aurélio Carvalho. As Competências Constitucionais Relacionadas ao Sistema Único de Saúde e ao Sistema de Saúde Suplementar [Doutrina]. Revista IOB de Direito Administrativo, ano V, nº 55, julho 2010, p. 89-96, p. 90.

281. LEAL, Rogério. A quem compete o dever de saúde no direito brasileiro? Esgotamento de um modelo institucional [Doutrina]. Revista Trimestral de Direito Público, 51-52, p. 26-39. Malheiros Editores, p. 27.

282. *Ibidem*, p. 21.

das três formas de responsabilização daquele que pratica ato ilícito no exercício das funções públicas.

Por esse caminho, entende-se que por mais que o Poder Público deva atuar de maneira a concretizar esses direitos de acordo com os limites orçamentários do Estado, ele deve atuar de forma a não reduzir – muito menos suprimir – a essência dos direitos fundamentais às funções sociais da cidade.

O direito às áreas urbanas que cumpram sua função social, como já explanado acima, é um direito fundamental inserido no rol dos direitos sociais, sendo, não obstante, um direito positivo que exige a uma atividade afirmativa e positiva do Estado, ou seja, uma prestação para a sua concretização. A concretização de direitos desta natureza depende e condiciona a atividade estatal no exercício de suas funções.

5. DE FUNÇÕES SOCIAIS DA CIDADE COMO EXPRESSÃO DE DIREITOS DIFUSOS E/OU COLETIVOS E DE DIREITO INDIVIDUAL SUBJETIVO

Como se disse alhures, a partir do conectivo "função social" e da posição estruturante das políticas urbanas, pode-se inferir que a norma princípio "de funções sociais da cidade" concretiza, confere densidade e substância a um plexo de ordens de condutas humanas que representam mais do que o interesse individual isoladamente considerado: importam na defesa de interesse público.

Com efeito, a locução função social traduz o comportamento do poder público e dos particulares, exigindo que ele atue numa dimensão na qual realize interesses sociais, sem a eliminação do direito privado do bem que lhe assegure as faculdades de uso, gozo e disposição.

Isto quer dizer que, pela compreensão da função social ligada, traz-se para os atos jurídicos das relações de política urbana, o combate a chamada *usage antifonctionnel de droit*, já que o conteúdo do direito é determinado, também, por meio de sua função ético-jurídica e social positivada[283] para quem, como consequência, um exercício de direito contrário a função social não está coberto pelo conteúdo do próprio direito considerado.

---

283. Parcialmente seguindo HÄBERLE, Peter. *La Garantía del Contenido Esencial de los Derechos Fundamentales.* Madrid: Dykinson, 2003, p. 12. Diverge-se em parte, pois este jurista sustenta que o conteúdo social, de justiça se encontra também fora do sistema normativo positivado.

Já se sinalizou em outra parte que função é conceito contraposto ao de individualismo, ao de autonomia da vontade. Nos escritos da melhor doutrina,[284] colhe-se que as funções são poderes que se exercem não por interesse próprio, mas em prol do interesse coletivo.[285]

Ora, baliza-se a natureza jurídica de direito difuso, na medida em que a Constituição Federal de 1988 trata-o como um direito a cidade que cumpra uma função social como sendo de todos os seus habitantes (art. 182), enquadrando-se completamente no conceito normativo do CDC (art. 81, I), como sendo aquele "transindividual de natureza indivisível, de que sejam titulares pessoas indeterminadas e ligadas por circunstancias de fato", incluindo-se entre aqueles objeto da tutela judicial específica positivada pelo CDC, enquanto expressa um microssistema da tutela coletiva. Não por outra razão, a violação a normas de Direito Urbanístico foi elevada a objeto de possível defesa pela via da Ação Civil Pública a ser proposta pelo Ministério Público e demais colegitimados.

Neste sentido, Nelson Saule Junior[286] pontua que:

> [...] as funções sociais da cidade, na verdade, são interesses difusos, pois não há como identificar os sujeitos afetados pelas atividades e funções da cidade, os proprietários, moradores, trabalhadores, comerciantes, migrantes têm como contingência habitar e usar um mesmo espaço territorial, a relação que se estabelece entre os sujeitos é a cidade, que é um bem de vida difuso. Elas devem atender os interesses da população de ter um meio ambiente sadio e condições dignas de

---

284. Ver ROMANO. *Principii di diritto costituzionale generale*, p. 143-145. E também ALESSI. *Principi di diritto amministrativo*, p. 1-5.

285. Ao abordar o tema, Cristiane Derani, apoiada nas lições de Giannini, apresenta interessante construção que ora trazemos à colação. Disserta que "ao se tratar de uma função da propriedade não se está tratando da função de um direito. O que se pretende ao impor a função à relação denominada propriedade é vincular seu desenvolvimento à realização de determinados fins". Em seguida, arrebata a articulista: "(...) a idéia de função social da propriedade significa na dogmática, um mandamento dirigido ao detentor do direito de propriedade para consecução de determinados fins. Significaria, neste caso, que o sujeito ao extrair do objeto os resultados de seu interesse próprio, também dever ter como objetivo concretizar fins de interesse social. " Ao final fecha essa abordagem inicial nos seguintes termos: "A palavra função dentro do princípio jurídico da 'função social da propriedade' deve ser compreendida como conteúdo. Ela determina o conteúdo social da relação de propriedade". DERANI. Função ambiental da propriedade. *Revista de Direitos Difusos*.

286. SAULE JUNIOR, Nelson. O Tratamento Constitucional do Plano Diretor como Instrumento de Política Urbana. In, *Direito Urbanístico*. Org. Edésio Fernandes. ed. Del Rey, Belo Horizonte, 1998, p. 51.

vida, portanto, não há como dividir essas funções entre pessoas e grupos pré-estabelecidos, sendo o seu objeto indivisível.

Outra característica, que identifica como interesses difusos as funções sociais da cidade, é a intensa litigiosidade, a presença de complexos conflitos urbanos, como o caso de preservação de bacias e mananciais, utilização de áreas públicas e verdes para fins de moradia, destinação de áreas para implantação de usinas e incineradores de lixo em bairros residenciais. Elas estarão sendo desenvolvidas de forma plena quando houver redução das desigualdades sociais, promoção da justiça social e melhoria da qualidade de vida urbana. Esse preceito constitucional serve como referência para impedir medidas e ações dos agentes públicos e privados que gerem situações de segregação e exclusão de grupos e comunidades carentes. Enquanto essa população não tiver acesso à moradia, transporte público, saneamento, cultura, lazer, segurança, educação, saúde não haverá como postular a defesa de que a cidade esteja atendendo à sua função social. As funções sociais da cidade, como interesses difusos, devem compreender o acesso de todos os que vivem na cidade à moradia, aos equipamentos e serviços urbanos, transporte público, saneamento básico, saúde, educação, cultura, esporte, lazer, enfim aos direitos urbanos que são inerentes às condições de vida na cidade.

Firme nessa premissa, Alvino Lima sentencia que os direitos não são, portanto, concedidos aos indivíduos, para satisfazer apenas os seus interesses e necessidades, eis que não são poderes "amparando proventos ilimitados quaisquer que sejam os motivos das nossas ações ou as conseqüências oriundas do exercício de direito". Em seguida, justifica que a "cristalização, na forma rígida e contingente da lei, de direitos intangíveis, em conflito com os fins orgânicos da sociedade, é absolutamente insustentável".[287]

Por isso, segundo lição de Veiga[288], ora adaptada, exorta-se que

[...] seria errado admitir que a administração se alheasse da matéria urbanística, (...) – relegando-a – de acordo apenas com interesses pessoais, esquecida que fosse a posição dos bens em causa perante a comunidade exterior. Pois todo um conjunto de motivação oferece,

---

287. LIMA, Alvino. *Revista Forense*. Rio de Janeiro: Forense, vol. 166, 1956, pp. 25-51. De modo semelhante, Judith Martins Costa destaca que função social aponta para um caminho a seguir, calçado pela socialidade que projeta, nas distintas disciplinas jurídicas, "*a diretriz da solidariedade social (Constituição Federal, art. 3º, III, in fine [...]*" indicando um desenvolvimento "*oposto ao do individualismo predatório*". COSTA, Judith Martins. "Reflexões sobre o princípio da função social dos contratos". *In* Revista DireitoGV, vol. 01, p. 41

288. FARIA, Manuel Veiga de. Elementos de direito urbanístico. Coimbra: Coimbra editora, 1977, p. 11.

nos leva a compreender que só uma visão global, coordenadora das visões individuais de cada particular e integradora desses interesses particulares num sentido urbanístico perfeito, só uma visão global assim entendida poderá suprir as carências que uma base mínima de conforto social e colectivo exige que sejam supridas.

Noutro giro, partindo de uma ótica jusnaturalista, José Reinaldo de Lima Lopes[289] remata que a "atual perspectiva do direito a moradia funda--se originariamente na ideia de direito à vida".

Por isso mesmo é, igualmente, direito subjetivo individual, no sentido de que a cada um dos citadinos é deferido o acesso a uma área urbana que cumpra suas funções sociais já elencadas nesta tese, porque prescritas como decorrência não só de interesse público, mas também individual fundamental, nos termos do art. 5º da Carta Magna, o qual decorre mesmo da própria concepção jurídica de função social das cidades que aqui se sustenta, extraída da Constituição Federal, enquanto elevado à base da ordem em vigor e face ao seu caráter impositivo, notadamente quanto à validação de instrumentos e determinação de atos comissivos do poder público e omissivos – dever de suportar, tolerar condicionamentos a direitos individuais – da sociedade.

Neste contexto é que se pode afirmar que, ao se dirigir a esta estirpe de relações, a referida norma incide sobre direitos difusos e/ou coletivos e ainda a direitos individuais subjetivos. Diante do confabulado se adverte, à guisa de encerramento: junto à função social não está radicada da ideia de que esta deve ser conquistada a custo do sacrifício individual, já que os direitos fundamentais não são assegurados apenas para o atendimento do fim coletivo, mas também para garantir o desenvolvimento pessoal e individual de todos os setores do desenvolvimento da personalidade individual,[290]

---

289. LOPES, José Ronaldo de Lima. Direitos sociais – teoria e prática. São Paulo: Método, 2006, p. 78-88.

290. Sobre a função social e o direito de propriedade, Fabio Konder Comparato chega a similar conclusão: Quando se fala em função social da propriedade não se indicam as restrições ao uso e gozo dos bens próprios. Estas últimas são limites negativos aos direitos do proprietário, mas a noção de função, no sentido em que é empregado o termo nesta matéria (e a matéria é precisamente a função social da propriedade), significa um poder de dar ao objeto da propriedade destino determinado, de vinculá-lo a certo objetivo. O adjetivo social mostra que este objetivo corresponde ao interesse coletivo e não ao interesse próprio do *dominus*; o que não significa que não possa haver harmonização entre um e outro. Mas, de qualquer modo, se está diante de um interesse coletivo e essa função social da propriedade corresponde a um poder-dever do proprietário, sancionável pela ordem jurídica.COMPARATO. Fábio Konder. Função social da propriedade dos bens de produção. Direito Empresarial: estudos e pareceres. São Paulo: Saraiva, 1995, p. 32.

exatamente porque *"todo ejercicio de un derecho fundamental es, en un sentido específico, una actividad social"*. [291-292]

6. DA INCIDÊNCIA DE FUNÇÕES SOCIAIS DA CIDADE SOBRE OS ATOS JURÍDICOS QUANDO DESTINADOS ÀS ÁREAS URBANAS

Encerra-se a tese expressando o último alcance que se identifica do conjunto de normas postas validamente pelo sistema jurídico brasileiro vigente.

Inicialmente, impende retomar, conforme declinado no Capítulo III que quando se refere à cidade a Constituição, em rigor, dirige-se aos comportamentos e relações inerentes às áreas urbanas, diferenciando-se de quando aponta para aqueles ínsitos às áreas rurais.

Esta observação é de suma importância, pois é a partir dela que se assegura a igualdade direito fundamental e princípio da administração pública, justamente porque se estabelece os regimes jurídicos diferenciados, na exata medida de suas desigualdades aos quais estarão submetidas determinadas propriedades.

Ademais, é essa a premissa que norteia qual a política – se urbana ou rural – deve ser implementada em determinada área do Município, pelo que

---

291. HÄBERLE, Peter. La Garantía del Contenido Esencial de Los Derechos Fundamentales. Madrid: Dykinson, 2003, p. 12-13.

292. É o que leciona André Ramos Tavares em tema análogo, quando expressa que "A Constituição brasileira, é certo, também arrola a propriedade privada e sua função social entre os princípios gerais da ordem econômica, nos incisos II e III do art. 170. Dessa forma, embora a propriedade esteja prevista entre os direitos individuais, está igualmente inserida entre os princípios da atividade econômica. Há, portanto, necessidade de compatibilização entre os preceitos constitucionais, o que significa dizer, em última instância, que a propriedade não mais pode ser considerada em seu caráter puramente individualista. A essa conclusão se chega tanto mais pela constatação de que a ordem econômica, na qual se insere expressamente a propriedade, tem como finalidade assegurar a todos existência digna, conforme os ditames da justiça social (*caput* do art. 170). A circunstância de a propriedade apresentar, simultaneamente, caráter dúplice, servindo ao individualismo e às necessidades sociais, impõe, pois, a necessidade de uma compatibilização de conteúdos dos diversos mandamentos constitucionais. Como direito individual, o instituto da propriedade, como categoria genérica, é garantido, e não pode ser suprimido da atual ordem constitucional. Contudo, seu conteúdo já vem parcialmente delimitado pela própria Constituição, quando impõe a necessidade de que haja o atendimento de sua função social, assegurando-se a todos uma existência digna nos ditames da justiça social.TAVARES. André Ramos. Curso de Direito Constitucional. São Paulo: Saraiva, 2003, p. 476.

deverá, sempre, levar em consideração a vocação da área, suas reais necessidades, enfim, os seus fins precípuos, sem olvidar a ordenação planejada, melhor instrumento para compatibilizar a evolução e transformações inerentes à própria natureza do homem e seus reflexos no usar, gozar e dispor das propriedades.

O art. 182 da Constituição da República, ao tratar da política urbana, preceitua a ordenação do pleno desenvolvimento de funções sociais da cidade, não do campo, para a garantia do bem-estar de seus habitantes, enquanto moradores de uma área urbana ou de expansão urbana. Não é mera recomendação. É dever do Poder Público, em todas as esferas, implantar a política urbana com vistas à consecução de funções sociais da cidade e do bem-estar dos cidadãos.

Aqui, o plano diretor assume importante papel, vez que eleito instrumento básico da política urbana. Basta verificar que o parágrafo segundo do artigo em comento predispõe que a propriedade urbana cumpre a sua função social quando satisfaz as exigências, as diretrizes e disposições expressas no plano diretor, elevando-o ao status de instrumento básico de ordenação e gestão dos espaços urbanos.

Porém, isto não significa limitar o conteúdo do princípio da função social da propriedade urbana ao quanto disposto no plano diretor. Mesmo porque, se estar diante de um direito fundamental, diretamente operativo, de aplicabilidade imediata[293] (art. 5º da CF).

Vale ressaltar que estes dados da realidade, de tamanha relevância para a relação ordenada e pacífica da sociedade, foram bosquejados pela ordem jurídica, a partir da Constituição, sob a rubrica da política urbana e política agrária, nos termos do art. 182 e 183, que se aplica à área urbana, e dos arts. 184 e seguintes, com espeque nas áreas rurais.

Analisando a celeuma, elucida José Afonso da Silva[294]:

> Em verdade, uma coisa é a propriedade pública, outra a propriedade social, e outra a propriedade privada; uma coisa é a propriedade

---

293. Considere-se, ademais, que a incidência do princípio da função social da propriedade não pode estar adstrita ao que prescreve o plano diretor, porque este sequer é obrigatório – e muitas vezes sua elaboração é, na prática, inviável – para todos os Municípios, mas somente para aqueles com mais de 20.000 habitantes. Permitimo-nos reportar, por mais uma vez, ao nosso singelo estudo: HUMBERT. Da incidência do princípio da função social da propriedade nos municípios não obrigados a editar plano diretor. Revista Magister de Direito Ambiental e Urbanístico.

294. SILVA. *Direito urbanístico brasileiro*, p. 75.

> agrícola, outra a industrial; uma propriedade rural, outra a urbana; uma propriedade de bens de consumo, outra a de bens de produção; uma propriedade de uso pessoal, outra a propriedade/capital. Pois, como alertou Pugliatti, há bastante tempo: 'No estado das concepções atuais e da disciplina positiva do instituto, não se pode falar de um só tipo, mas se deve falar em tipos diversos de propriedade, cada um dos quais assume um aspecto característico'. Cada qual destes tipos pode estar sujeito – e por regra estará – a uma disciplina particular, especialmente porque, em relação a eles, o princípio da função social atua diversamente, tendo em vista a destinação do bem objeto da propriedade.

A própria Constituição, diga-se, ao tratar do tema, desdobra a propriedade em seus diversos aspectos. É possível falar em propriedade pública e privada, as quais podem ser de natureza urbana ou rural, cada qual com suas peculiaridades, que ensejarão a aplicação de determinadas normas específicas, desde que em consonância com os preceitos constitucionais.

Tal distinção, repise-se, é relevante especialmente porque definirá a qual regime jurídico – e os próprios princípios específicos pertinentes a cada uma destas disciplinas – se submeterá determinada propriedade.

Regime jurídico este, importa ressaltar, já bem delimitado pela Constituição, do art. 182 ao 186, que dispõem sobre a política urbana e rural, as quais, no âmbito infraconstitucional, desdobram-se em uma série de normas que lhes dão efetividade, notadamente quanto ao Estatuto da Cidade ou ao Estatuto da Terra.

Em geral, o regime jurídico de toda e qualquer propriedade é constitucional, pois que na própria Constituição, ordem superior, já há delimitações ao direito de propriedade, conferindo-o um conteúdo fundamental. Entretanto, concomitantemente a este regime, podem incidir, a cada caso concreto, regimes específicos, como os previstos no Código Civil e no Estatuto da Terra, Código Florestal, Lei da Mata Atlântica. Isto quer dizer que as normas que se dirigem a comportamentos tanto para as áreas urbanas como para as áreas rurais, como as duas últimas citadas, devem contemplar tratamento desigual na medida das desigualdades.

Avilta-se, com isso, com base na aplicação equânime de funções sociais da cidade ante outros princípios e regras do sistema, que é constitucional a disposição dos arts. 30 e 31 da Lei da Mata Atlântica (11.428/06), que confere tratamento diferenciado quanto a possibilidade de novos desmatamentos para instalação de futuros empreendimentos a serem instalados em área urbana e em área rural, assim como quanto aos índices percentuais de mata nativa a ser mantido em cada uma destas áreas. Entretanto, reputa-se inconstitucional a disposição do Novo Código Florestal (Lei nº 12.651/12) a qual determina a incidência das mesmas regras florestais – como as atinentes às áreas de preservação permanente[295] – para as áreas urbanas e rurais, quando se sabe que a realidade é diversa, sujeita a regime jurídico e ordenada por instrumentos próprios – no caso das cidades, o fundamental é o plano diretor de desenvolvimento urbano.

Por derradeiro, insistir-se-á quanto à definição entre áreas urbanas e rurais. Primeiramente, cumpre exteriorizar que a legislação aponta a existência de dois critérios classificatórios e/ou de distinção extraídos da Lei.

Um deles é o da destinação, adotado pelo Estatuto da Terra (Lei nº 4.504/64), o qual define como imóvel rural todo "prédio rústico, de área contínua qualquer que seja a sua localização que se destina à exploração extrativa agrícola, pecuária ou agroindustrial, quer através de planos públicos de valorização, quer através de iniciativa privada".

Diverso foi o critério utilizado pelo Código Tributário Nacional de 1966 (Lei nº 5.172/66), conforme dispõem seus arts. 29 e 32, nos quais se verifica a adoção do critério da localização ou da situação do imóvel e não o da destinação e vocação do solo. Esta delimitação jurídica, certamente, é serviçal ao fim tributário por ela visado. Contudo, para o estudo da ordenação prescritiva dos espaços urbanos, este método não é o adequado.

É que, considerando-se a determinação de competência própria para edição de normas de Direito Urbanístico, insculpida no art. 23, I da Constituição, bem como a existência do princípio vetorial do planejamento urbano — insertos no art. 182 da Constituição da República e no art. 2º do Estatuto da Cidade —, não se pode olvidar que a definição das áreas municipais em urbana e rural deve ser oriunda dos instrumentos e estudos determinados enquanto deveres ínsitos à materialização da política urbana, levando-se em consideração a vocação atual e futura de determinada área.

---

295. Essa diferenciação era feita, com acerto, na origem do Código Florestal revogado, de 1965. Um dado da realidade ilustra que a inconstitucionalidade provoca efeitos práticos. É notório que nenhum rio urbano possui em suas margens uma área preservada (APP) superior a 30 metros de largura. Ao contrário, é comum que os mesmos se apresentam sem nenhuma área preservada no seu entorno. Isto decorre da própria impossibilidade material de cumprimento desta norma que, apesar de visar a máxima proteção, acaba por ser inócua, já que se sabe que não é factível sujeitar às cidades, onde há elevada densidade demográfica e se fazem necessários grandes obras de infraestrutura, especialmente viárias e de saneamento, a o mesmo critério espacial ou de ocupação de área ambiental que nas áreas rurais, onde as funções sociais da propriedade são completamente distintas e permitem uma menor interferência do homem.

Deve ser levada a efeito mediante edição de lei municipal, com destaque para o plano diretor, constitucionalmente obrigatório para os Municípios com mais de 20.000 habitantes, considerando-se o seu território como um todo[296], as peculiaridades[297] de cada localidade e em face mesmo da eminente preponderância do interesse local nesta matéria, da própria competência constitucional que é conferida ao Município pelo art. 30 da Constituição, e do quanto prescreve o art. 40 e seguintes do Estatuto da Cidade.

Aponta José dos Santos Carvalho Filho:

> O plano diretor, sendo caracterizado como o instrumento urbanístico fundamental, não pode guardar total identidade normativa no que concerne ao processo de política urbana de cada Município.
>
> A razão é de extrema simplicidade: cada um dos Municípios apresenta peculiaridades próprias, relacionadas a aspectos de natureza social, cultural, territorial, ambiental, turístico etc.[298]

Contudo, alguns aspectos integram o conteúdo mínimo dos planos diretores, conforme art. 42 do Estatuto da Cidade. Ganha relevo a imperiosa delimitação das áreas urbanas onde poderá ser aplicado o parcelamento, a utilização ou edificação compulsória, ou seja, das propriedades submetidas a uma pré-determinada função social que, caso não atendida, ensejará a aplicação da sanção prevista no art. 182, § 4° da Constituição da República.

O plano diretor servirá, ao mesmo tempo, para que o poder público possa planejar e reservar espaços para as atividades econômicas ou não

---

296. Já observava Veiga: "Ora, sendo assim, o objecto da disciplina urbanística vem a ampliar-se, no sentido de ultrapassar os limites das cidades para se estender a todo um território inteiro, quer na sua parte urbana, quer na sua parte rural; e assim a urbanística vem configurar-se não só e não tanto como ciência respeitante aos agregados urbanos, mas como ciência dos núcleos humanos estabelecidos, sejam eles concentrados ou dispersos". FARIA, Manuel Veiga de. *Elementos de direito urbanístico.* Coimbra: Coimbra editora, 1977, p. 25.

297. Neste diapasão, não é demasiado ressalvar, com apoio de Venuti, que "a consideração científica dos problemas da cidade leva a reconhecer que esta última não se apresenta como entidade com vida autônoma, destacada e a considerar separadamente do território, mas pelo contrário, integrada num território, como num tecido conjunto cuja estruturação e funcionamento resulta incindível da estruturação e funcionamento da cidade moderna. " VENUTI, Campos. La administración del urbanismo, p. 48. Apud FARIA, Manuel Veiga de. Elementos de direito urbanístico. Coimbra: Coimbra editora, 1977, p. 25.

298. CARVALHO FILHO, Jose dos Santos. *Comentários ao Estatuto da Cidade.* Rio de Janeiro: Lúmen Júris, 2006, p. 139. Sobre a distinção entre os planos econômicos e os demais consulte-se GRAU, Eros Roberto. *A Ordem Econômica na Constituição de 1988.* São Paulo. Malheiros, 2005, p.309 e ss.

pertinentes ao desenvolvimento das cidades, pois que, nas lições de Carvalho Filho, é este ou norma equivalente que deve

> [...] prever a localização dos equipamentos públicos e comunitários que servirão de suporte para as políticas setoriais, como escolas, hospitais, praças, delegacias etc. Esta reserva de espaços deve decorrer de estudos que indiquem a demanda prevista para cada uso, assim como a disponibilidade de espaços para atendê-la. Desta forma, o plano diretor estará levando em consideração as dimensões econômicas e sociais da cidade, sem que com isto se transforme em um plano de desenvolvimento econômico.[299]

Não resta dúvida de que a política urbana e seus instrumentos devem interferir na gestão das áreas urbanas, conjugando planejamento adequado – mediante elaboração de plano diretor e compreendidas, obviamente, as normas que o complementam e minudenciam – e imposição de cumprimento da função social, para assim atender os imperativos constitucionais de atendimento de funções sociais da cidade e do bem-estar do cidadão.

Portanto, a partir do princípio das "funções sociais da cidade" o sistema jurídico em vigor no Brasil distingue o regime jurídico das áreas rurais e urbanas, fundamentando tratamento diferenciado e funções sociais específicas, sendo certo que esta é aquela assim delineada por um plano diretor de desenvolvimento urbano ou norma equivalente, quando couber, desde que editado mediante o devido processo legal formal e substantivo.

6.1. Funções sociais da cidade: vetor da Lei Federal 10.257/11 (Estatuto das Cidades)

De tudo quanto até aqui exposto, resta forçoso concluir que a norma jurídica princípio constitucional funções sociais da cidade é base, alicerce, condicionador de todo o plexo de princípios e regras contidos na Lei 10.257/01, autodenominada Estatuto da Cidade, que vem a lume como norma geral de direito urbanístico brasileiro, na forma do art. 23, I da Constituição vigente.

Cumpre de logo ressaltar que, partindo de matriz constitucional regradora da política urbana, o Estatuto da Cidade assume, como pilar de sua normatividade, uma corajosa redefinição da função social da propriedade,

---

299. Idem. Em torno da distinção entre os planos econômicos e os demais consulte-se GRAU, Eros Roberto. *A Ordem Econômica na Constituição de 1988*. São Paulo. Malheiros, 2005, p.309 e ss.

outorgando-lhe contornos firmes e conseqüentes. (DALLARI; FERRAZ, 2002:19)

Mas não é só. "A grande novidade trazida por esta lei está exatamente na criação de instrumentos que possibilitarão uma intervenção mais concreta e efetiva do Poder Público no desenvolvimento urbano". (DALLARI; FERRAZ, 2002, p. 19)

E não se pode iniciar a análise dos instrumentos, colocados também para proteção ao meio ambiente (natural e construído), e que servem à conformação da função socioambiental da propriedade, sem antes contextualizá-los diante das diretrizes gerais deste novel diploma legal.

É o capítulo I da Lei 10.257 dispõe acerca das diretrizes gerais da política urbana. De início é perceptível a sua preocupação com a mantença do equilíbrio ambiental, compreendida na função socioambiental da propriedade.

Isto porque, já no parágrafo único do art. 1°, prescreve que esta Lei estabelece normas de ordem pública e interesse social, as quais regulam o uso da propriedade urbana em prol do bem coletivo, da segurança e do bem-estar dos cidadãos, bem como do equilíbrio ambiental.

Em seguida, dispõe que são diretrizes gerais da política urbana, entre outras:

1) a garantia do direito a cidades sustentáveis – o que inclui o direito ao saneamento ambiental;

2) o planejamento das cidades de modo a evitar e corrigir distorções do crescimento urbano e seus efeitos negativos sobre o meio ambiente;

3) a ordenação e controle do uso do solo, de forma a evitar a poluição e degradação ambiental;

4) a proteção, preservação e recuperação do meio ambiente natural e construído, do patrimônio cultural, histórico, artístico, paisagístico e arqueológico; e, finalmente, como forma de participação da sociedade, a audiência do Poder Público municipal e da população interessada nos processos de implantação de empreendimentos ou atividades com efeitos potencialmente negativos sobre o meio ambiente natural ou construído, o conforto ou a segurança da população.

Segundo Odete Medauar, a expressão cidades sustentáveis inspira-se no Direito Ambiental, devendo-se as entender como sendo "aquelas em que o desenvolvimento urbano ocorre com ordenação, sem caos e destruição, sem degradação, possibilitando uma vida urbana digna para todos." (MEDAUAR, 2004, p. 26-27)

Com fundamento na norma jurídica princípio funções sociais da cidade, densificado pela a referida lei, que naquela se fundamental, lei colocou-se à disposição dos administradores públicos o dever-poder de implementar os novos instrumentos para tutela das cidades e do seu meio ambiente. Dentre estes destacam-se o direito de preempção, a gestão democrática da cidade e o Estudo de Impacto de Vizinhança (EIV) que, ao lado do já utilizado tombamento, são instrumentos, se bem aplicados, que terão grande importância para o alcance e efetivação do meio ambiente saudável. Integram, destarte, o que se pode chamar de sistema protetivo do patrimônio cultural, cuidadosamente tratado pelo Estatuto da Cidade e que irão conferir, a um só tempo, densidade e concretude, às funções sociais da cidade, que também fundamenta e condiciona, qualitativamente, a aplicação dos referidos instrumentos, por força por sua natureza, sentido e alcance, isto é, conteúdo jurídico delimitado nesta tese.

O Estatuto da Cidade, norma de Direito Urbanístico, ao regular as questões ligadas ao meio ambiente urbano, funda-se, materializa e sujeita-se às funções sociais da cidade. Diversos instrumentos de proteção são postos pelo citado plexo normativo e devem ser aplicados pelo Administrador Público, sob pena de cometimento de inconstitucionalidade e ilegalidade, que podem ensejar na em responsabilização civil, penal e administrativa pelo descumprimento, dentre outros princípios e regras, da norma vetor funções sociais da cidade.

7. DA INCIDÊNCIA DE FUNÇÕES SOCIAIS DAS CIDADES NOS BENS PÚBLICOS E NOS BENS PRIVADOS

O ordenamento jurídico brasileiro em vigor difere o regime conferido aos bens públicos e privados, a ensejar uma disciplina jurídica diferenciada, ainda que em alguma medida. Resta saber se esta distinção acarreta consequência para efeitos da incidência da norma princípio "funções sociais da cidade".

Apesar da regulação perpetrada sobre a temática diretamente pela Constituição Federal e de, em larga medida, esta se referir às questões pertinentes ao Poder Público, inclusive com artigo dedicado aos bens da União, é na legislação civil e, por consequência, na doutrina civilista, que se encontram, respectivamente, a ordenação e análises científicas mais detidas sobre os bens, sobre as coisas, enfim, sobre as propriedades.

As dificuldades que envolvem o estudo dos bens já iniciam a partir da distinção entre estes e as coisas encontradas na natureza. Para parte da doutrina, os bens seriam espécie do gênero coisa. Isto porque os bens seriam coisas que, por sua qualidade específica, utilidade, ou valor econômico, são suscetíveis de apropriação, merecendo, destarte, tutela jurídica.[300]

Posicionamento diverso é o adotado por Orlando Gomes. Segundo este e outros respeitados juristas, o bem deve ser compreendido como gênero do qual a coisa seria espécie. Fundamentam esta tese na assertiva de que a noção de bem engloba diversas espécies de direitos, inclusive os abstratos, enquanto a de coisa se limita a uma ideia relativa às utilidades patrimoniais e eminentemente corpóreas – ou seja, materiais – de determinado bem.[301]

Com efeito, parece acertada a segunda corrente doutrinária, por estar, é de se ver, em consonância com a posição adotada pelo próprio legislador, uma vez que, além do Código Civil fazer incessante referência aos bens jurídicos[302], faz menção expressa ao termo coisa como estando compreendido entre os bens, consoante se depreende do art. 1.195 do citado diploma legal, o qual preceitua que se "o legado for de coisa que se determine pelo gênero, será o mesmo cumprido, ainda que tal coisa não exista entre os bens deixados pelo testador."

Impende externar que tanto os bens – entendidos como tudo que agrada o homem –, quanto as coisas, são dados presentes na natureza. Mas, para o Direito, importa, em rigor, quais e de que forma estão amparados pelo ordenamento jurídico.

Assim, constata-se, afinal, que a propriedade poderá se dar sobre bens, sobre coisas, sejam corpóreas ou incorpóreas[303] e o direito de propriedade é o conteúdo jurídico como delimitado pelo sistema positivado para esta relação firmada entre o titular da propriedade, a sociedade e os bens.

Digno de nota que a propriedade é um bem, é coisa encontrada na natureza ou nas relações humanas, suscetível de apropriação pelo homem, em regra, para satisfação das suas necessidades, de seus anseios. Ao

---

300. Neste sentido, RODRIGUES, Silvio. *Direitos das Coisas*. São Paulo: Saraiva, 2003, p. 110 e ss. E também, DINIZ, Maria Helena. *Curso de Direito Civil Brasileiro*. São Paulo: Saraiva, 2002, p. 187.

301. Confira-se, por todos, GOMES, Orlando. *Introdução ao Direito Civil*. Rio de Janeiro: Forense, 1995, p. 200 e ss.

302. São diversos os dispositivos que tratam dos bens jurídicos, sendo-lhes dedicado um Livro específico do Código Civil (vide arts. 77 e ss).

303. Exemplo recorrente é a propriedade intelectual.

apropriar-se de determinado bem, de determinada coisa encontrada na natureza, o homem passa a exercer sobre esta o domínio, surgindo, destarte, relação[304] entre o homem e o bem.

O Direito, como ordem da conduta humana, também rege a integração entre o homem e os bens suscetíveis à apropriação. Desta forma, o direito de propriedade nada mais é do que "a expressão juridicamente reconhecida à propriedade. É o perfil jurídico da propriedade. É a propriedade, tal como configurada em dada ordenação normativa. É, em suma, a dimensão ou âmbito de expressão legítima da propriedade: aquilo que o direito considera como tal. "[305]

A propriedade[306] é, por assim dizer, um instituto, um fato social presente na sociedade. Na análise de Fèlicien Challaye, "a propriedade, que

304. Cumpre esclarecer que a expressão relação está sendo utilizada no sentido corriqueiro, não jurídico. Ou seja: neste momento ainda não estamos no plano das "relações jurídicas", mas sim apenas constatando que o homem, de fato, relaciona-se com bens encontrados na natureza. Registre-se, ademais, que para parte da doutrina não há relação entre pessoas e objetos, mas apenas entre aquelas entre si. Sobre este tema veja-se, por todos: Gomes, Orlando. Introdução ao Direito Civil. Rio de Janeiro: Forense, 1995, p. 93 e ss., onde se lê que o conceito em debate "não é isento de confusões, porque a doutrina não usa a expressão em sentido unívoco. " E seguida, conclui: "A relação jurídica pode ser encarada sobre dois aspectos. No primeiro, é o vínculo entre dois ou mais sujeitos de direito que obriga um deles, ou os dois, a ter certo comportamento. É, também, o poder direto de uma pessoa sobre determinada coisa. No segundo, é o quadro no qual se reúnem todos os efeitos atribuídos por lei a esse vínculo, ou a esse poder. "
305. Mello, Celso Antônio Bandeira de. Novos Aspectos da Função Social da Propriedade no Direito Público. RDP nº. 84, p. 39.
306. A propósito, acerca da ideia de propriedade privada e sua contextualização histórica desde o período greco-romano, Fábio Konder Comparato apresenta insuperáveis considerações, as quais, ainda que extensas, não podem deixar de ser transcritas em sua íntegra. Professa o consagrado jurista: "A idéia de propriedade privada, em Roma ou nas cidades gregas da Antiguidade, sempre foi intimamente ligada à religião, à adoração do deus-lar, que tomava posse de um solo e não podia ser, desde então, desalojado. A casa o campo que a circundava e a sepultura nela localizada eram bens próprios de uma *gens* ou de uma família, no sentido mais íntimo, ou seja, como algo ligado aos laços de sangue que unem um grupo humano. Na língua latina, aliás, *dominus* e *dominium* vêm de *domus*, significando, respectivamente, o chefe da casa e o poder desse sobre os bens familiares. Que o sentido jurídico de *dominium* se vincule originalmente à casa de família nos é confirmado pela definição de Ulpiano no Digesto (50, 16, 195, § 2): '*pater famílias appellatur qui in domo dominium habet.*' Na civilização greco-romana, a propriedade privada, assim como a família e a religião doméstica, fazia parte da constituição social, da organização institucional da sociedade, que não podia, em hipótese alguma, ser alterada, quer por deliberação popular, que por decisão dos governantes. Na organização da cidade antiga, aliais, as instituições que diziam respeito à vida privada eram mais sólidas e estáveis que as formas de governo, e distinguiam, mais do que estas, uma cidade da outra. Não

desempenha um papel imenso em todas as existências individuais, é um fato social de primeira importância. "[307]

Já o direito de propriedade se refere à tutela jurídica, à forma pela qual o direito regula, ao tratamento jurídico incidente sobre este fato social que, nesses termos, ante o contorno legal que lhe é conferido, passa a ser um fato jurídico, um interesse juridicamente protegido. Em outras palavras, o direito de propriedade é direito subjetivo conformado pelas faculdades do detentor de poder usar, gozar e dispor do bem sobre o qual incide este direito.

As civilistas costumam denominar como sendo o direito das coisas, o conjunto de normas reguladoras das relações entre os homens e as coisas encontradas na natureza e, sob a rubrica direitos reais, todo aquele

> [...]   direito que se prende à coisa, prevalecendo com a exclusão da concorrência de quem quer que seja, independendo para seu exercício da colaboração de outrem e conferindo ao seu titular a possibilidade de ir buscar onde quer que se encontre, para sobre ela exercer seu direito.[308]

é de se admirar, portanto, que o ponto de partida de Aristóteles, em sua pesquisa sobre a constituição ideal da polis, tenha sido a classificação dos regimes de propriedade: a comunhão total, a ausência absoluta de comunhão. E a comunhão ou condomínio de certas coisas, juntamente com a propriedade individual de outras. A noção de politéia em Atenas, como foi reconhecido em primorosa tese acadêmica, engloba a vida privada. Para Aristóteles, é 'a forma de organização dos cidadãos de um Estado', 'a própria comunidade dos cidadãos', ou de modo ainda mais sugestivo, 'um certo modo de vida de uma sociedade política'. Não há aí, portanto, nenhuma possibilidade de dissociação nem mesmo de distinção, nesse particular, entre a esfera pública e a privada. Seja como for, o núcleo essencial da propriedade, em toda a evolução do direito privado ocidental, sempre foi o de um poder jurídico soberano e exclusivo de um sujeito de direito sobre uma coisa determinada. No direito romano arcaico, esse poder fazia parte das prerrogativas do pater familias sobre o conjunto dos escravos e bens, que compunha o grupo familiar. Prerrogativas soberanas e ilimitadas, imunes a qualquer encargo público ou privado, e de origem sagrada, por força de sua vinculação com o deus-lar. Por aí se percebe como seria absurdo falar, no direito antigo, de deveres de cidadão, enquanto proprietário, para com a comunidade. A propriedade greco-romana fazia parte da esfera mais íntima da família, sob a proteção do deus doméstico. Por isso mesmo, o imóvel consagrado a um lar era estritamente delimitado, de forma que cometia grave impiedade o estranho que lhe transpusesse os limites sem o consentimento do chefe da família. " COMPARATO, Fábio Konder. Direitos e Deveres Fundamentais em Matéria de Propriedade. *In* A Questão Agrária e a Justiça. São Paulo: RT, 2000, p. 130-133.

307. *Apud* GIORDANI, José Acir Lessa. Propriedade Imóvel: seu conceito, sua garantia e sua função social na nova ordem constitucional. In RT-669, 07/1991, p. 47.

308. Rodrigues, Silvio. Direitos das Coisas. São Paulo: Saraiva, 2003, p. 3-5.

Em suas vetustas anotações à Constituição portuguesa, ponderam J.J. Gomes Canutilho e Vital Moreira:

> Teoricamente, o âmbito do direito de propriedade abrange pelo menos quatro componentes:
>
> a) a liberdade de adquirir bens;
>
> b) a liberdade de usar e fruir dos bens de que se é proprietário;
>
> c) a liberdade de os transmitir;
>
> d) o direito de não ser privado deles.
>
> Talvez se possa acrescentar uma quinta dimensão: o direito de reaver os bens sobre os quais se mantém direito de propriedade.[309]

Outrossim, não se pode olvidar que, nos diversos ordenamentos, o regime jurídico dos bens e, dentre as suas diversas espécies, o da propriedade imóvel é, em larga medida, delimitado pelo Direito Privado, que confere o seu perfil legal. Para tanto, basta notar que apenas no Código Civil brasileiro existem quase três centenas de dispositivos dedicados à espécie.

Anota, com precisão, Carlos Ari Sundfeld que "o direito privado e, nele, a propriedade, foram construídos em torno de uma noção de liberdade altamente individualista, descomprometida com uma preocupação coletiva e social, que seria exclusiva do Estado"[310], quando, acrescente-se, dominavam o perfil jurídico da propriedade o individualismo e a autonomia da vontade, historicamente tão prestigiados pela legislação civil, especialmente com a Declaração dos Direitos do Homem, em França, século XIX.

Entretanto, impende salientar que, atualmente – notadamente após a edição da Constituição Mexicana de 1917, e da de Weimar, de 1919 – é das constituições que se passou a extrair os elementos basilares que compõem o perfil jurídico da propriedade, pelo que não se pode compreendê-lo senão a partir da Constituição e sob a égide, ainda que com temperamentos, do Regime Jurídico de Direito Público.

Cogente, nesta marcha, o ensinamento de Eros Roberto Grau:

> A propriedade não constitui uma instituição, mas o conjunto de várias instituições, relacionada a diversos tipos de bens. Não podemos

---

309. CANOTILHO, J.J. Gomes e Moreira, Vital. *Constituição da República Portuguesa Anotada*, Volume 1. São Paulo: Editora RT, 2007, p. 802.

310. SUNDFELD, Carlos Ari. Função social da propriedade, in Temas de Direito Urbanístico I, DALLARI e FIGUEIREDO, Adilson Abreu e Lúcia Valle, coord. São Paulo: RT, 1987, p. 4.

manter a ilusão de que à unicidade do termo – aplicado à referência a situações diversas – corresponde a real unidade de um compacto e íntegro instituto. A propriedade, em verdade, examinada em seus distintos perfis – subjetivo, objetivo, estático e dinâmico – compreende um conjunto de vários institutos. Temo-la, assim, em inúmeras formas, subjetivas e objetivas, conteúdos normativos diversos sendo desenhados para aplicação a cada uma delas, o que importa no reconhecimento, pelo direito positivo, da multiplicidade da propriedade.

Assim, cumpre distinguirmos, entre si, a propriedade de valores mobiliários, a propriedade literária e artística, a propriedade industrial, a propriedade do solo, v.g. Nesta última, ainda, a propriedade do solo rural, do solo urbano e do subsolo. Uma segunda distinção, ademais, há de ser procedida, entre propriedade de bens de produção. [311]

Conhecidas a noção fundamental de bens, propriedade e os contornos jurídicos destes dados da realidade, relevante trazer à baila que depois de classificar os bens em imóveis e móveis, fungíveis ou consumíveis, divisíveis, singulares ou coletivos e reciprocamente considerados[312], o Código Civil apresenta, por exclusão, a distinção entre bens públicos e privados, distinção esta de grande relevância para o Direito Público e para a abordagem ora ensaiada, senão vejamos.

Prescreve, no art. 98, que são públicos os bens do domínio nacional pertencentes às pessoas jurídicas de direito público interno, "isto é, União, Estados, Distrito Federal, Municípios, respectivas autarquias e fundações de Direito Público (...), bem como os que, embora não pertencentes a tais pessoas, estejam afetados à prestação de um serviço público."[313]

Ainda consoantemente o mencionado diploma legal, todos os demais são particulares, seja qual for a pessoa a que pertencerem. Logo na sequencia o art. 99 preceitua que são bens públicos: os de uso comum do povo, tais como rios, mares, estradas, ruas e praças; os de uso especial, tais como edifícios ou terrenos destinados a serviço ou estabelecimento da administração federal, estadual, territorial ou municipal, inclusive os de suas autarquias; os dominicais, que constituem o patrimônio das pessoas jurídicas de direito público, como objeto de direito pessoal, ou real, de cada uma dessas entidades.

---

311. Grau, Eros Roberto. A Ordem... Op. cit. p. 236.
312. Código Civil, arts. 79 a 97.
313. Mello, Celso Antônio Bandeira de. Curso de Direito Administrativo. São Paulo: Malheiros, 2005. p. 858.

Tais bens integram o domínio do Poder Público. Em poucas palavras: sua propriedade pertence a uma das pessoas jurídicas de Direito Público supramencionadas. Diante disto, têm-se que os citados bens públicos estão, em regra, submetidos a um regime jurídico específico[314], de Direito Público, previsto, essencialmente, na Constituição, e também no Código Civil e em outras leis esparsas.

Por força do art. 100 da Constituição da República, os bens públicos são impenhoráveis. Ademais, não são suscetíveis de usucapião, como preveem, entre outros dispositivos, os arts. 183, § 3° e 191 da Carta Magna e o art. 102 do Código Civil.

Por derradeiro, cumpre frisar que os bens públicos possuem, como regra, a característica da inalienabilidade (C.C., art. 100). Disse-se como regra, porque a própria lei pode prever a alienabilidade, como na hipótese do bem ser dominical ou, se de uso comum ou especial,[315] não estiver afetado ao destino que lhe é precípuo, sempre, em todos os casos, observadas as exigências legais.

Da leitura dos referidos diplomas legais se verifica, sem maior esforço, que o regime jurídico específico dos bens públicos não prevê a exclusão da incidência do dever de cumprimento da função social quanto aos bens e propriedades públicas. Noutro giro, é certo que os seus titulares representam, eles mesmos, o interesse público, sendo assim um contrassenso os

---

314. Alerta, com a precisão e rigor científico que lhes são peculiares, o Professor Celso Antônio Bandeira de Mello: "A noção de bem público, tal como qualquer outra noção em Direito, só interessa se for correlata a um dado regime jurídico. Assim, todos os bens que estiverem sujeitos ao mesmo regime público deverão ser havidos como bens públicos. Ora, bens particulares quando afetados a uma atividade pública (enquanto o estiverem) ficam submissos ao mesmo regime jurídico dos bens de propriedade pública. Logo, têm que estar incluídos no conceito de bem público. " In Curso... Op. cit. p. 859.

315. Acerca do regime jurídico dos bens públicos, salienta Celso Antônio que "os de uso comum ou especial não são alienáveis enquanto conservarem tal qualificação, isto é, enquanto estiverem afetados a tais destinos. Só podem sê-lo (sempre nos termos da lei) ao serem desafetados, passando à categoria dos dominiais. " Curso... Op. cit. p. 861. Ao fazer uma crítica ao art. 67 do Código Civil revogado, Hely Lopes Meirelles assevera que "os bens públicos, quaisquer um que sejam, podem ser alienados, desde que a Administração satisfaça certas condições prévias para sua transferência ao domínio privado ou a outra entidade pública. O que a lei civil quer dizer é que os bens públicos são inalienáveis enquanto destinados ao uso comum do povo ou a fins administrativos especiais, isto é, enquanto tiverem afetação pública, ou seja, destinação pública especifica. " In Meirelles, Hely Lopes. Direito Administrativo Brasileiro. São Paulo: Malheiros, 2000, p. 484.

bens, as propriedades públicas não se submeterem à verificação, ao cumprimento de uma função social.[316]

Em remate, consigna-se que se pode extrair destes traços, destes caracteres peculiares, enfim, do regime jurídico próprio que distinguem as propriedades de pessoas jurídicas de Direito Público daquelas que integram o patrimônio particular, que o que é público potencializado o dever-poder de atender à sua função social, razão pela qual os bens públicos situados ou inerentes às áreas urbanas sujeitam-se aos condicionantes, contornos, delineamentos conformados pela norma princípio "funções sociais da cidade".

---

316. Sobre a função social da propriedade pública, ver ROCHA, Sílvio Luís Ferreira da. Função Social da Propriedade Pública. São Paulo: Malheiros, 2005. Vide também DI PIETRO, Maria Silvia Zanella. Função Social da Propriedade Pública. *In* Wagner Júnior, Luiz Guilherme Costa. Estudos em homenagem ao professor Adilson Abreu Dallari. Belo Horizonte: Del Rey, 2002.

Capítulo V
Conclusões

A presente tese visou descrever o conteúdo jurídico das "funções sociais da cidade". Para tanto, adota como corte esptemológico a análise positivista do ordenamento jurídico positivo brasileiro, a partir da Constituição da República Federativa do Brasil de 1988, notadamente do quanto precrito pelo art. 182 que inaugura o capítulo da política urbana e do qual consta, explicitamente, a norma objeto da pesquisa.

Com estas presmissas e revelado o método eleito, conclui-se que:

1. As "funções sociais da cidade", estão inseridas no ordenamento jurídico brasileiro na condição de norma jurídica, consubstanciando ordenação de conduta humana prescritiva, dotada do caráter coercitivo-sancionador;

2. Trata-se de norma positivada com natureza de princípio jurídico constitucional de eficácia plena, dada a sua posição no sistema, alto grau de generalidade e abstração, positivação de densa carga valorativa, atingindo uma gama de comportamentos juridicamente relevante e, por isso, pairando e incidindo, em níveis, grau ou pelo critério de ponderação, sob todo o sistema de tutela da ordem ubrana e atos jurídicos decorrentes, sendo instrumental à validade da criação, interpretação e aplicação das normas;

3. Neste passo, seu sentido é extraível do sistema normativo constituional, notadamente a partir da definição jurídica das expressões "função", "social" e "cidade" que, em sua síntese, conjunga norma princípiológica que prescreve ao Estado deveres-poderes de prestações positivas e respeito à liberdades relativas aos direitos sociais de trabalho, seguridade, saúde, previdência, assistência social, de educação, lazer, da circulação ou mobilidade, da cultura, família, riança, do adolescente, do idoso e do meio ambiente, nos atos direcionados à disciplina das áreas urbanas, e outorga aos cidadãos direito o consequente direito subjetivo a mencionadas prestações;

4. Por decorrência, é equivocado e mesmo insuficiente se valer da Carta de Atenas, que conjuga um rol de padrões de urbanismo, para

exteriorizar o conteúdo jurídico de funções sociais da cidade, remetendo-se, para tanto, o operador do direito – cientista, produtor e
aplicador – a uma ordem cogente válida, notadamente para efeitos
de se extrair as pertinentes imposições prescritivas de obrigações,
faculdades, permissões e atribuição de competências a determinados sujeitos de direitos e deveres, tendentes à materialização do
bem-estar e direitos individuais e sociais, pacificação e participação
comunitária, bem como da segurança jurídica nas áreas urbanas, na
forma do estado democrático de direito.

5. Finalmente, cumpre asseverar que, diante do seu posicionamento
    constitucional e expressão de conteúdo, referida norma tem, na
    ordem jurídica brasileira, alcance de:

    5.1. Princípio e objetivo fundamental da república, sendo, a um só
         tempo, parte e meio de materialização destes, pelo que goza de
         posição hierárquica superior no sistema, concretiza e vincuça-
         -se à democracia, à cidania, à dignidade da pessoa humana, à
         justiça social e pressupostos destes decorrentes;

    5.2. Direito fundamental individual e social, porque diretamente
         ligado ao exercício dos direitos à vida, propriedade, segurança,
         liberdade e igualdade, especialmente nas relações jurídicas em
         área urbana, pelo que violação princípio jurídico de funções
         sociais da cidade são tuteláveis pelas garantias fundamentais,
         é cláusula pétrea, tem aplicação imediata e tratados interna-
         cionais que versem a matéria urbana, no seu sentido sociofun-
         cional, podem ser incorporadas ao ordenamento com status de
         norma consticional;

    5.3. Princípio estruturante da ordem urbanística constitucional e
         infraconstitucional, aos quais os demais atos devem guardar
         coerência, confirmando, no plano dogmático, utilidade da clas-
         sificação do Direito Urbanístico como sub-ramo do direito
         público, dotado de regime jurídico especial ao qual devem os
         operadores do direito conhecer e aplicar na concretização dos
         comandos jurídicos desta natureza;

    5.4. Direito difuso e conletivo, interesse público e direito indi-
         vidual subjetivo, sujeitando-se, em regra e a um só tempo, à
         indiposnibilidade e posição de supremacia que lhes são pró-
         pria, mas à limitação da atividade estatal sob os administra-
         dos, a serem tutelados pelas vias extrajudiciais e judicias

constitucionalmente previstas, notadamente mediante as ações ou remédios constitucionais próprios e a intervenção do Ministério Público;

5.5. Determinante e condicionador da prática de atos pelos exercentes de poderes, seja na função legislativa, executiva ou judicial;

5.6. Incidência para os atos destinados as áreas urbanas (ou cidade), assim consideradas aquelas prevista pelo plano diretor de desnolvimento urbano municipal ou, quando for o caso, norma equivalente, em diferenciação às áreas ruais (ou campo) pelo que configura o dever de promoção de comandos diferenciados e apropriados para este dado da realidade juridicamente protegido;

5.7. Fundamento de validade e condicionadora da Lei Federal 10.257/01 (Estatuto das Cidades), constituída como norma geral de Direito Urbanístico Brasileiro, que, por sua vez, acaba por dar densidade e materialização à própria norma vetor funções sociais da cidade;

5.8. Incidência sobre os bens e propriedades públicas e privadas.

Referências

A Nova Carta de Atenas 2003. A Visão do Conselho Europeu de Urbanistas sobre as Cidades do séc. XXI. Lisboa: CEU, 2003.

ALCHOURRÓN, Carlos y BULYGIN, Eugenio. *Sobre la existencia de las normas jurídicas*. México: Distribuciones Fontamara, 1997.

AKAOUI, Fernando Reverendo Vidal. *Aplicação do Código Florestal Em Áreas Urbanas. In* Feitas, José Carlos de. *Temas de Direito Urbanístico 2*. São Paulo: Imprensa oficial do Estado: Ministério Público do Estado de São Paulo, 2000.

ALESSI, Renato. *Principi di Diritto Amministrativo, I soggetti Attivi e L'esplicazione della Funzione Amministrativa – Vol. I*. Milano: Giuffrè, 1978.

ALEXY, Robert. *Conceito e validade do direito*. São Paulo: Editora WMF Martins Fontes, 2009.

______. *Teoría de los derechos fundamentales*. Madrid: Centro de Estudios Políticos y Constitucionales, 2001.

ALMEIDA, Fernanda Dias Menezes de. *Competências na Constituição de 1988*.São Paulo: Atlas, 2007.

ALVES, Alaôr Caffé. *Lógica – Pensamento formal e argumentação – Elementos para o discurso jurídico*. Bauru: Edipro, 2000.

ALVIM, Agostinho. *Estudos e Pareceres de Direito Tributário, vol. 2/15*. São Paulo: Ed. RT, 1978.

AMARAL, Antônio Antônio Carlos Cintra do. *Validade e Invalidade do Ato Administrativo*. Revista Diálogo Jurídico, Salvador, CAJ – Centro de Atualização Jurídica, v. I, nº. 8, novembro, 2001. Disponível em: <http://www.direitopublico.com.br/pdf_8/DIALOGO-JURIDICO-08-NOVEMBRO-2001-ANTONIO-CARLOS-CINTRA-AMARAL.pdf>. Acesso em: 10 de março de 2013.

ANDRADE, José Carlos Vieira *Os Direitos Fundamentais na Constituição Portuguesa de 1976*. Coimbra: Almedina, 1998.

ARISTÓTELES. *Política, Livro 1*. Coleção os Pensadores. São Paulo: Nova Cultural, 2004.

Assembléia do CIAM — Congresso Internacional de Arquitetura Moderna, item 77. Disponível em: <http://www.Iphan.gov.brflegislac/cartaspatrimoniais/atenas>. Acesso em 21 jan. 2005.

ATALIBA, Geraldo. *Hipótese de incidência tributária*. São Paulo: Malheiros, 2005.

ATALIBA, Geraldo. *República e Constituição*. São Paulo: Malheiros, 1998.

ÁVILA, Humberto. *Teoria dos princípios*. São Paulo: Malheiros, 2009.

______. *Teoria dos princípios*. São Paulo: Malheiros, 2006.

BARBOSA, Rui. *Comentários à Constituição Federal Brasileira. V. II.* São Paulo: Saraiva, 1933.

BARROSO, Luís Roberto Barroso. *Aplicabilidade das Normas Constitucionais*

______. *Fundamentos teóricos e filosóficos do novo direito constitucional brasileiro: pós-modernidade, teoria crítica e pós-positivismo.* In: ______. (Org.). A nova interpretação constitucional: ponderação, direitos fundamentais e relações privadas. Rio de Janeiro/São Paulo: Renovar, 2003.

______. *O Direito Constitucional e a Efetividade de suas Normas*, 8ª ed., Rio de Janeiro: Renovar, 2006.

______. *O direito constitucional e a efetividade de suas normas: limites e possibilidades da Constituição brasileira.* Rio de Janeiro: Renovar, 1993.

BASTOS, Celso Ribeiro. *Curso de Direito Constitucional.* São Paulo: Celso Ribeiro Bastos, 2002.

______. *Curso de Teoria do Estado e Ciência Política.* São Paulo: Celso Bastos, 2002.

______. *Hermenêutica e Interpretação Constitucional.* São Paulo: Celso Ribeiro Bastos, 2002.

BATALHA, Wilson de Souza Campos. *Introdução ao Estudo do Direito – Os fundamentos e a visão histórica.* Rio de Janeiro: Forense, 1986,

BECKER, Alfredo Augusto. *Teoria Geral do Direito Tributário.* São Paulo: Editora Noeses, 2007.

BERTALANFFY, Ludwig Von. *Teoria geral dos sistemas.* Petrópolis: Vozes. 1973.

BEZNOS, Clovis e CAMMAROSANO, Márcio Cammarosano. Direito Ambiental e Urbanístico: Estudos do Fórum Brasileiro de Direito Ambiental e Urbanístico. Belo Horizonte: Editora Fórum, 2010.

BITTAR, Eduardo C. B. *O direito na pós-modernidade e reflexões frankfurtianas.* Rio de Janeiro: Forense Universitária, 2009.

BOBBIO, Norberto. *A era dos direitos.* Rio de Janeiro: Elsevier, 2004.

______. *O positivismo jurídico. Lições de filosofia do direito.* São Paulo: Ícone, 1995.

______. *Teoria geral do direito.* São Paulo: Martins Fontes, 2008.

BONAVIDES, Paulo. *Ciência Política.* Malheiros Editores. 2007.

______. *Curso de Direito Constitucional.* São Paulo: Malheiros, 2006.

______. *Do estado liberal ao estado social.* São Paulo: Malheiros, 2011.

BRITTO, Carlos Ayres. *As cláusulas pétreas e sua função de revelar e garantir a identidade da constituição. In* ROCHA, Cármen Lúcia Antunes. (Coord.) Perspectivas do direito público: estudos em homenagem a Miguel Seabra Fagundes. Belo Horizonte: Del Rey, 1995.

________. *Os sentidos do vocábulo "Poder" na Constituição Brasileira.* Revista de Direito Público, v. 61, p. 60-64, 1982.

________. *Teoria da Constituição.* Rio de Janeiro: Ed. Forense, 2003.

BUCCI, Maria Paula Dallari. *Direito Administrativo e Políticas Públicas.* São Paulo: Saraiva. 2002.

CAMMAROSANO, Márcio; HUMBERT, Georges Louis Hage. *Direito Público, estudos e pareceres.* Belo Horizonte: Fórum, 2011.

CAMMAROSANO, Márcio. *Direito administrativo, urbanístico e ambiental: interfaces. In* BEZNOS, Clóvis; CAMMAROSANO, Márcio (Coord.). Direito ambiental e urbanístico: estudos do Fórum Brasileiro de Direito Ambiental e Urbanístico. Belo Horizonte: Fórum, 2010, p. 11-19.

CAMMAROSANO, Márcio. *Fundamentos Constitucionais do Estatuto da Cidade.* In DALLARI, Adilson Abreu e FERRAZ, Sérgio (Coord.). *Estatuto da cidade (Comentários à Lei Federal 10.257/2001).* São Paulo. Malheiros, 2003.

________. *O Princípio Constitucional da Moralidade e o Exercício da Função Pública.* Belo Horizonte: Fórum, 2006.

________. *Provimento de Cargos Públicos no Direito Brasileiro.* São Paulo: RT, 1984.

CANOTILHO, J.J. Gomes e MOREIRA, Vital. *Constituição da República Portuguesa Anotada, Volume 1.* São Paulo: Editora RT, 2007.

________. *Fundamentos da Constituição.* Coimbra: Almedina, 1991.

CANOTILHO, José Joaquim Gomes. Constituição dirigente e vinculação do legislador: contributo para a compreensão das normas constitucionais programáticas. Coimbra: Coimbra, 1994.

________. *Direito Constitucional e Teoria da Constituição.* Coimbra: Livraria Almedina, 1993.

________. *Direito Constitucional e Teoria da Constituição.* Coimbra: Livraria Almedina, 1996.

________. *Direito Constitucional e Teoria da Constituição.* Coimbra: Almedina, 2003.

________. *Estudos sobre Direitos Fundamentais.* Coimbra: Coimbra Editora, 2004.

CAPELLA, Juan Ramón. *El Derecho Como Lenguaje.* Barcelona: Ariel, 1968.

CARRAZZA, Antonio Roque. *Curso de direito tributário.* São Paulo: Malheiros, 1997.

CARRIÓ, Genaro. **Nota preliminar.** *In* HOHFELD, W. N. *Conceptos jurídicos fundamentales.* Buenos Aires: Centro Editor de América Latina, 1968.

________. *Notas sobre Derecho y Lenguaje.* Buenos Aires: Abeledo-Perrot, 1965.

________. *Principios Jurídicos y Positivismo Jurídico.* Buenos Aires: Abeledo-Perrot, 1970.

Carta de Atenas de novembro de 1933. Assembleia do CIAM — Congresso Internacional de Arquitetura Moderna, item 77. Disponível em: <http://www.Iphan.gov.brflegislac/cartaspatrimoniais/atenas >. Acesso em 21 jan. 2005.

Carta de Atenas. In Infopédia. Porto: Porto Editora, 2003-2013. Acesso: 2013-03-18.

CASTELLS, Manuel. *A questão urbana.* Rio de Janeiro: Paz e Terra, 2000, 42-43.

CASTRO, José Nilo de. *Direito Municipal Positivo.* Belo Horizonte: Del Rey, 1992.

CARVALHO, Paulo de Barros. *Curso de direito tributário.* São Paulo: Saraiva, 2004.

______. *Direito Tributário – Linguagem e Método.* São Paulo: Noeses, 2008.

CARVALHO FILHO, José dos Santos. *Comentários ao estatuto da cidade*: Lei nº 10.257, de 10.07.2001 e medida provisória nº 2.220, de 04.09.2001. 2. ed. rev. e atual. Rio de Janeiro: Lumen Juris, 2006.

CHAUÍ, Marilena. *Convite à Filosofia.* São Paulo: Ática, 2000.

COELHO, Luiz Fernando. *Teoria crítica do direito.* Belo Horizonte: Del Rey, 2003.

COLLADO, Pedro Escribano. *La Propiedad Privada Urbana (Encuadramiento e Régimen).* Madrid: Montecorvo, 1979.

COMPARATO, Fábio Konder. *A Afirmação Histórica dos Direitos Humanos.* São Paulo: Saraiva, 2003.

______. *Direitos e Deveres Fundamentais em Matéria de Propriedade. In A Questão Agrária e a Justiça.* São Paulo: RT, 2000.

______. *Função social da propriedade dos bens de produção. Direito Empresarial: estudos e pareceres.* São Paulo: Saraiva, 1995.

______. *O Ministério Público na Defesa dos Direitos Econômicos, Sociais e Culturais. In* Eros Roberto Grau e Sérgio Sérvulo Cunha. Estudos de Direito Constitucional em Homenagem a José Afonso da Silva. São Paulo: Malheiros, 2003, p. 244-260.

CORREIA, Fernando Alves. *O Plano Urbanístico e o Princípio da Igualdade.* Coimbra: Almedina, 1989.

COSTA, Regina Helena. *Princípios de direito urbanístico na Constituição de 1988.* In DALLARI, Adilson Abreu e FIGUEIREDO, Lúcia Valle (coord.). *Temas de direito urbanístico – 2.* São Paulo: Ed. Revista dos Tribunais, 1991.

COSSIO, Carlos. *Teoría egológica del derecho y el concepto jurídico de libertad.* Buenos Aires: Abeledo-Perrot, 1964.

COSTA, Regina Helena. Princípios de direito urbanístico na Constituição de 1988. In: DALLARI, Adilson Abreu; FIGUEIREDO, Lúcia Valle (Coord.). *Temas de direito urbanístico 2.* São Paulo: Revista dos Tribunais, 1991. p. 109-128.

CUNHA, Bruno Santos. *Direitos Fundamentais: da Constituição às políticas públicas.* Ver. Bras. de Políticas Públicas. Brasília, v.1, n.1, p.65/82, jan/jun.2011.Disponível:<http://www.publicacoesacademicas.uniceub.br/index.php/RBPP/article/viewFile/1214/1090> Acesso em 15 de março de 2013.

CUNHA JÚNIOR. Dirley da. Controle judicial das omissões do poder público. São Paulo: Saraiva, 2008.

CUNHA, Sérgio Sérvulo da. **Princípios constitucionais.** São Paulo. Saraiva. 2006.

DALLARI, Adilson Abreu; DI SARNO, Daniela Campos Libório. *Direito Urbanístico e Ambiental*. Belo Horizonte: Fórum, 2007.

DALLARI, Adilson Abreu e FERRAZ Sérgio (Coord.). *Estatuto da cidade (Comentários à Lei Federal 10.257/2001)*. São Paulo. Malheiros, 2003.

DALLARI, Dalmo de Abreu. *Elementos de Teoria Geral do Estado*. São Paulo: Saraiva, 2011

______. *Elementos de teoria geral do estado*. São Paulo: Saraiva, 1999.

DELGADO, Maurício Godinho. *Introdução ao direito do trabalho*. São Paulo: LTR, 2001.

DESCARTES, René. *Discurso do método*. Porto Alegre: L&PM, 2010.

DI PIETRO, Maria Sylvia Zanella. *Direito Administrativo*. São Paulo: Atlas, 2002.

______. *Função Social da Propriedade Pública*. *In* Wagner Júnior, Luiz Guilherme Costa. *Estudos em homenagem ao professor Adilson Abreu Dallari*. Belo Horizonte: Del Rey, 2002.

______. *Poder de polícia em matéria urbanística*. *In Temas de Direito Urbanístico*. São Paulo: Imprensa Oficial do Estado: Ministério Público do Estado de São Paulo, 1999.

______. *Competências Urbanísticas*. In DALLARI, Adilson Abreu e FERRAZ, Sérgio, *Estatuto da Cidade (Comentários à Lei Federal 10.257/01)*. São Paulo: Malheiros, 2003.

DI SARNO, Daniela Campos Libório. *Elementos de direito urbanístico*. Barueri: Manole, 2004.

DIAZ, Elias. *Legalidad- legitimidad en el socialismo democrático*. Espanha: Editorial Civitas S.A., 1978.

DIMOULIS, Dimitri. *Manual de Introdução ao Estudo do Direito*. São Paulo: Revista dos Tribunais, 2007.

______. *Positivismo jurídico: introdução a uma teoria do direito e defesa do pragmatismo jurídico-político*. São Paulo: Método, 2006.

DINIZ, Maria Helena. *A ciência do direito*. São Paulo: Saraiva, 2003.

______. *Conceito de norma jurídica como um problema de essência*. São Paulo: Saraiva, 2006.

______. *Curso de Direito Civil Brasileiro*. São Paulo: Saraiva, 2002.

______. *Compêndio de Introdução a Ciência do Direito*. São Paulo: Saraiva, 2005.

______. *Compêndio de Introdução a Ciência do Direito*. São Paulo: Saraiva, 1991.

DROMI, José Roberto. *Instituciones de Derecho Administrativo*. Buenos Aires: Editoria Astrea de Rodolfo Depalma e Hnos, 1973.

DUGUIT, Léon. *Les Transformations Générales Du Droit Privé Depuis Le Code Napoléon*. Paris: Librairie Félix Alcan, 1920.

______. *Las Transformaciones Generales del Derecho Privado desde el Código de Napoleón*. Madrid: Librería Española y Extranjera, 1920.

______. *Manual de Derecho Constitucional*. España: Comares, 2005.

DWORKIN, Ronald. *Levando os direitos a sério*. Trad. Nelson Boeira. São Paulo: Martins Fontes, 2002.

______. *Uma questão de princípio*. São Paulo: Martins Fontes, 2000.

EHRLICH, Eugen. *Fundamentos da sociologia do direito*. Brasília: Universidade de Brasília, 1986.

ENTERRÍA, Eduardo Garcia; FERNÁNDEZ, Tomás-Ramón. *Curso de derecho administrativo, v. 1*. Madri: Civitas, 1983. p. 421.

ESPÍNDOLA, Ruy Samuel. *Conceito de princípios constitucionais: Elementos teóricos para uma formulação dogmática constitucionalmente adequada*. São Paulo: Revista dos Tribunais, 1998.

ESSER, Josef. *Principio y norma en la elaboración jurisprudencial del derecho privado*. Barcelona: Bosch, 1961.

FALLA, Fernando Garrido. *Tratado de Derecho Administrativo*. Volume II. Madri: Tecnos, 1978.

FARIA, Manuel Veiga de. *Elementos de direito urbanísitico*. Coimbra: Coimbra editora, 1977.

FERRARI, Regina Maria Macedo Nery. *Controle de constitucionalidade das leis municipais*. São Paulo: Revista dos Tribunais, 2003.

FERRAZ, Sérgio. *Direito Ecológico, perspectivas e sugestões*. Revista de Consultoria Geral do Rio Grande do Sul, vol. II, n. 4, p. 43-52. Porto Alegre: 1972.

FERRAZ JUNIOR, Tercio Sampaio, DINIZ, Maria Helena, GEORGAKILAS, Ritinha Alzira Stevenson. *Constituição de 1988: legitimidade, vigência e eficácia, supremacia*. São Paulo: Atlas, 1989.

FERRAZ JÚNIOR. Tércio Sampaio. *A Ciência do Direito*. São Paulo: Atlas, 1977.

______. *Introdução ao Estudo do Direito: Técnica, Decisão, Dominação*. São Paulo: Atlas, 1994.

______. *Introdução ao Estudo do Direito: Técnica, Decisão, Dominação*. São Paulo: Atlas, 2000.

______. *Introdução ao Estudo do Direito: Técnica, Decisão, Dominação*. São Paulo: Atlas, 2003.

______. *Por que ler Kelsen, hoje*. In O Estado de São Paulo, 01.11.1981.

______. *Teoria da Norma Jurídica*. Rio de Janeiro, Forense, 1999.

FERRAZ, Sérgio. Direito ecológico: perspectivas e sugestões. *Revista da Consultoria Geral/Estado do Rio Grande do Sul*, v. 2, n. 4, p. 43-52, 1972.

FERREIRA FILHO. Manuel Gonçalves. *Sete vezes democracia*. São Paulo: Convívio, 1977.

FIGUEIREDO, Lucia Valle. *Disciplina Urbanística da Propriedade*. São Paulo. Malheiros, 2005.

FIGUEIREDO, José Guilherme Purvin de. *A Propriedade no Direito Ambiental*. Rio de Janeiro: Esplanada, 2004.

______. *Temas de direito ambiental e urbanístico*. São Paulo: Max Limonad, 1998, p. 301-302.

FIGUEIREDO, Marcelo. *Considerações a respeito da outorga onerosa (solo criado) no Projeto de Lei n. 5.788, de 1990*. Working Paper 30-2000/30. Lisboa, Faculdade de Direito da Universidade Nova de Lisboa.

FINK, Daniel *Roberto*; PEREIRA, Márcio Silva. *Vegetação de preservação permanente e meio ambiente urbano*. Revista de Direito Ambiental, v. 1, n. 2, p. 77-90, abr./jun. 1996.

FIORILLO, Celso Antonio Pacheco. *Estatuto da cidade comentado: Lei 10.257/2001, Lei do meio ambiente artificial*. São Paulo: Revista dos Tribunais, 2005.

FRAGA, Gabino. *Derecho Administrativo*. México: Editorial Porrúa, 1973, p.21.

FRANÇA, Vladimir Rocha. *Perfil Constitucional da Propriedade*. Revista bimestral de Direito Público, n.° 36.

FREITAS, José Carlos de (Coordenador). *Temas de Direito Urbanístico*. São Paulo: Imprensa Oficial do Estado – Ministério Público do Estado de São Paulo, 1999.

______. *Temas de Direito Urbanístico 2*. São Paulo: Imprensa Oficial do Estado – Ministério Público do Estado de São Paulo, 2000.

GARCIA, Maria (Coord.). *A cidade e Seu Estatuto*. São Paulo: Juarez de Oliveira, 2005.

______. *Desapropriação para Urbanização e Reurbanização*. Rio de Janeiro: Forense, 1985.

______. *Mas, Quais os Direitos Fundamentais? In* Revista de Direito Constitucional e Internacional, ano 10, abril-junho, n.º 39, p. 115-123. São Paulo, 2002.

GIORDANI, José Acir Lessa. *Propriedade Imóvel: seu conceito, sua garantia e sua função social na nova ordem constitucional. In* RT-669, 07/1991.

GOMES, Orlando. *Introdução ao Direito Civil*. Rio de Janeiro: Forense, 1995.

Grande Dicionário Larousse Cultural da Língua Portuguesa. São Paulo: Nova Cultural, 1999.

GUERRA FILHO, Willis Santiago. *Processo constitucional e direitos fundamentais*. São Paulo: Celso Bastos, 1999.

GUERRA, Maria Magnólia Lima. *Aspectos jurídicos do uso do solo urbano*. Fortaleza: Universidade Federal do Ceará, 1981.

GUIMARÃES, Ylves José de Miranda. *Direito Natural – Visão Metafísica e Antropológica*. São Paulo/Rio de Janeiro: Forense Universitária, 1991.

GRAU, Eros Roberto. *A Ordem Econômica na Constituição de 1988*. São Paulo. Malheiros, 2005.

______. *Direito, Conceitos e Normas Jurídicas*. São Paulo: Revista dos Tribunais, 1988.

______. *Direito Urbano*. São Paulo: RT, 1983.

______. *Ensaio e Discurso sobre a Interpretação/Aplicação do Direito*. São Paulo. Revista dos Tribunais, 2005.

______. *O Direito posto e o Direito Pressuposto*. São Paulo: Malheiros, 2005.

______. *Licitação e Contrato Administrativo – estudos sobre a interpretação da Lei 8666/93*. São Paulo, Malheiros, 1995.

GREIMAS, Algirdas Julien. *Semiótica e Ciências Sociais*. São Paulo: Cultrix, 1981, p. 76

GUASTINI, Riccardo. *Das fontes às normas*. São Paulo: Quartier Latin, 2005.

GUERRA FILHO, Willis Santiago. *Processo constitucional e direitos fundamentais*. São Paulo: Celso Bastos, 1999.

GUERRA, Maria Magnólia Lima. *Aspectos jurídicos do uso do solo urbano*. Fortaleza: 1981.

GUIMARÃES, Ylves José de Miranda. *Direito Natural – Visão Metafísica e Antropológica*. São Paulo/Rio de Janeiro: Forense Universitária, 1991.

GUSMÃO. Paulo Dourado. *Filosofia do Direito*. Rio de Janeiro: Forense, 1985.

HÄBERLE, Peter. *Hermenêutica Constitucional. A Sociedade Aberta dos Intérpretes da Constituição: Contribuição para a Interpretação Pluralista e "Procedimental" da Constituição*. Porto Alegre: Sérgio Antonio Fabris Editor, 1997.

______. *La Garantía del Contenido Esencial de los Derechos Fundamentales*. Madrid: Dykinson, 2003.

HARADA, Kiyoshi. **Desapropriação:** *doutrina e prática*. São Paulo: Atlas, 2002.

HART, Herbert L. A. *O conceito de direito*. Lisboa: Fundação Calouste Gulbenkian, 2001.

HESSE, Konrad. *A Força Normativa da Constituição*. Porto Alegre: Sérgio Antônio Fabris Editor, 1991.

HESPANHA, Benedito. *Direito processual e a Constituição: a relevância hermenêutica dos princípios constitucionais do processo. In*: Revista de Direito Constitucional e Internacional, nº 48. São Paulo: Revista dos Tribunais, 2004.

HESSEN, Johannes. *Teoria do Conhecimento*. Coimbra: Armenio Amado Editor, 1980.

HOSPERS, John. *Introducción al Análisis Filosófico, Tomo I*. Buenos Aires: Abeledo Perrot, 1966.

HUMBERT, Georges Louis Hage. *A autonomia do Direito Urbanístico e a sua importância para o ensino jurídico. In:* Patrícia de Menezes Cardoso; Paula Losada

Ravanelli; Mariana Levy Piza Fontes. (Org.). ANAIS. Porto Alegre: Lex Magister, 2010, v., p. 43-48.

______. *A Constituição, A Garantia Fundamental Ao Acesso À Justiça E A Assistência Judiciária Gratuita. Estudo de Caso.* Diálogo Jurídico. 18ª ed. 2012.

______. *Da Incidência do Princípio da Função Social da Propriedade Urbana Nos Municípios Que Não Possuem Plano Diretor.* Revista Magister de Direito Ambiental e Urbanístico v. 14 (out./nov. 2007) p. 75-80. Porto Alegre: Magister, 2007.

______. *Direito Urbanístico e função socioambiental da propriedade imóvel urbana.* Belo Horizonte: Fórum, 2009.

______. *O Estatuto da Cidade, a função socioambiental da propriedade e os instrumentos urbanísticos de sua efetivação.* Fórum de Direito Urbano e Ambiental – FDUA. Vol. 46, p. 37-44. Belo Horizonte: Fórum, 2009.

______. *O estudo de impacto de vizinhança como instrumento de proteção ao meio ambiente cultural.* Fórum de Direito Urbano e Ambiental – FDUA. Vol.27 (mai/jun. 2006) p. 3323-3326. Belo Horizonte: Fórum, 2006.

______. *O direito e o fenômeno político.* Revista *Novatio Iuris*, n.º 3, jul – 2009.

______. *Princípios Constitucionais Informadores do Direito Urbanístico.* Revista Magister de Direito Ambiental vol. 15 (dez/jan. 2008) p. 87-90. Porto Alegre: Magister, 2008.

POPPER, Karl. *A lógica da pesquisa científica.* São Paulo: Cultrix, 2007

KELSEN, Hans. *Teoria do Direito e do Estado.* São Paulo: Martins Fontes, 1995

______. *Teoria pura do direito.* São Paulo: Martins Fontes, 2006.

KIRCHMANN, Julio Germán von. *El carácter a-científico de la llamada ciencia del derecho.* In: *La Ciencia del derecho*, Savigny, Kirchmann, Zitelmann, Kantorowicz, Buenos Aires, Losada, 1949.

LEAL, Rogério Gesta. *A função social da propriedade e da cidade no Brasil: aspectos jurídicos e políticos.* Porto Alegre: Livraria do Advogado, 1998.

______. *A quem compete o dever de saúde no direito brasileiro? Esgotamento de um modelo institucional.* Revista Trimestral de Direito Público, 51-52, p. 26-39. São Paulo: Malheiros Editores, p. 27.

______. *Direito urbanístico: condições e possibilidades de constituição do espaço urbano.* Rio de Janeiro: Renovar, 2003.

LE CORBUSIER. *Princípios de Urbanismo. La Carta de Atenas.* Barcelona: Editora Ariel, 1975.

LIMA, Ruy Cirne. *Princípios de Direito Administrativo.* Revista dos Tribunais: São Paulo, 1982.

LIMA, Lucas Rister de Souza; ZORZETO, Thiago Rebellato. *Os Limites da Atuação do Poder Judiciário na Área de Saúde* [Parte Geral – Doutrina]. Revista SÍNTESE de Direito Administrativo, ano VI, no 61, Janeiro 2011, p. 73-83.

LOPEZ, Angel M. Lopez Y. *La Disciplina Constitucional De La Propriedade Privada*. Madrid: Tecnos, 1988.

LOPES, José Ronaldo de Lima. *Direitos sociais – teoria e prática*. São Paulo: Método, 2006.

LUHMANN, Niklas. *Introdução à Teoria dos Sistemas*. Rio de Janeiro: Vozes, 2009.

LUÑO, Antonio Enrique Pérez Luño. *Derechos Humanos, Estado de Derecho y Constitución*. Madrid: Tecnos, 1999.

MACHADO NETO, A. L. *Compêndio de Introdução à Ciência do Direito*. São Paulo: Saraiva, 1988.

MARICATO, Ermínia. *Habitação e Cidade*. São Paulo: Atual, 1997.

MARTINS, Ricardo Marcondes. *Efeitos dos Vícios do Ato Administrativo*. São Paulo: Malheiros, 2008.

MAYNEZ, Eduardo García. *Importancia de la teoría jurídica pura*. Ciudad de México: Distribuciones Fontamara, 1999.

MAXIMILIANO, Carlos. *Hermenêutica e aplicação do direito*. 15ª ed. Rio de Janeiro: Forense, 1995.

MAZZONI, Pierandrea. *La Proprietá Procedimento. Pianificazione del Território e Disciplina della Proprietá*. Millano: Dott. Giuffré Editore, 1975.

MEDAUAR, Odete e ALMEIDA Fernando Dias Menezes de. *Estatuto da Cidade*, Lei 10.257, de 10.07.2001, Comentários. São Paulo: RT, 2004.

MEIRELLES, Helly Lopes. *Direito Administrativo Brasileiro*. São Paulo: Malheiros, 2000.

______. *Direito de Construir*. São Paulo: Malheiros, 2006.

______. *Direito Municipal Brasileiro*. São Paulo: Malheiros, 2006.

______. *Direito Municipal Brasileiro*. São Paulo: Malheiros, 1993.

MELLO, Celso Antônio Bandeira de. *Ato administrativo e direito dos administrados*. Editora Revista dos Tribunais, 1981.

______. *Conteúdo Jurídico do Princípio da Igualdade*. São Paulo: Malheiros, 2005.

______. *Curso de Direito Administrativo*. São Paulo. Malheiros, 2011.

______. *Curso de Direito Administrativo*. São Paulo. Malheiros, 2005.

______. *Discricionariedade e Controle Jurisdicional*. São Paulo: Malheiros, 2003.

______. *Natureza e Regime Jurídico das Autarquias*. São Paulo: RT, 1968.

______. *Novos Aspectos da Função Social da Propriedade no Direito Público*. RDP nº. 84.

MELLO, Oswaldo Aranha Bandeira de. *Princípios Gerais de Direito Administrativo*. *Vol. 1*. São Paulo: Malheiros, 2007.

MIRANDA, Jorge. *Manual de Direito Constitucional*. Coimbra: Coimbra Editora, 1983.

______. *Teoria do Estado e da Constituição*. Rio de Janeiro: Forense, 2005.

MIAILLE, Michel. *Introdução crítica do direito*. Lisboa: Editorial Estampa, 1989.

Modugno, Franco. *Enciclopédia Del Diritto*, XVIII. Milano: Giuffrè, 1973.

MOREIRA NETO, Diogo de Figueiredo Moreira. *Introdução ao direito ecológico e ao direito urbanístico: instrumentos jurídicos para um futuro melhor*. Rio de Janeiro: Forense, 1977.

MÜLLER, Friedrich. *Métodos de Trabalho do Direito Constitucional*. Rio de Janeiro: Renovar, 2005.

______. *Teoria Estruturante do Direito*. São Paulo: Editora Revista dos Tribunais, 2009.

MUKAI, Toshio. *Temas atuais de direito urbanístico e ambiental*. Belo Horizonte: Fórum, 2004.

MUNFORD, Lewis. *História da cidade*. Rio de Janeiro: Civilização Brasileira,1965.

NUNES JÚNIOR, Vidal Serrano. *A cidadania social na Constituição de 1988 – estratégias de positivação e exigibilidade judicial dos direitos sociais*. São Paulo: Verbatim, 2009.

OLIVEIRA, Fábio Corrêa Souza de. *Por uma teoria dos princípios – o princípio constitucional da razoabilidade*. Rio de Janeiro: Lumen Juris, 2003.

PAGANI, Elaine Adelina. *O direito de propriedade e o direito à moradia: um diálogo comparativo entre o direito de propriedade urbana imóvel e o direito à moradia*. Porto Alegre: EDIPUCRS, 2009.

PASSOS, José Joaquim Calmon de. *Meio ambiente e urbanismo: compreendendo, hoje, o código florestal de ontem*. Revista Eletrônica de Direito do Estado – REDE, Salvador, Instituto Brasileiro de Direito Público, n. 10, abr./ jun. 2007. Disponível em: <http://www.direitodoestado.com.br/rede/edicao/10>. Acesso em: 02 out. 2008.

______. *Revistando o direito, o poder, a justiça e o processo – reflexões de um jurista que trafega na contramão*. Salvador: Juspodivm, 2012.

PEREIRA, Caio Mário da Silva. *Instituições de Direito Civil – Direitos Reais, vol. IV*. Rio de Janeiro: Forense, 2009.

PINHEIRO, Renata Peixoto. *Desapropriação para fins urbanísticos em favor do particular*. Belo Horizonte: Fórum, 2004.

PINTO, Victor Carvalho. *Direito urbanístico*: plano diretor e direito de propriedade. São Paulo: Revista dos Tribunais, 2005.

PIOVEZANE, Pedro de Milanelo. *Elementos de direito urbanístico*. São Paulo: RT, 1981.

PIRES, Luis Manoel Fonseca e MARTINS, Ricardo Marcondes. *Um diálogo sobre a justiça: a justiça arquetípica e a justiça deôntica*. Belo Horizonte: Fórum, 2012

PIRES, Luis Manuel Fonseca. *Controle Judicial da Discricionariedade Administrativa. Dos Conceitos Jurídicos Indeterminados às Políticas Públicas.* São Paulo: Editora Campus Jurídico/ Elsevier, 2008.

______. *Regime jurídico das licenças.* São Paulo: Quartier Latin, 2006.

PONDÉ, Lafayette. *Estudos de Direito Administrativo.* Belo Horizonte: Del Rey, 1995.

PONTES DE MIRANDA, Francisco Cavalcante. *Tratado de Direito Privado – Tomo I.* São Paulo: Bookseller, 1999.

______. *Tratado de Direito Privado – Tomo XI.* Campinas: Bookseller, 2001.

______. *Tratado de Direito Privado, vol. 1.* Rio de Janeiro: Borsói, 1970.

______. *Tratado de Direito Privado, vol. 22.* Rio de Janeiro: Borsói, 1958.

PORTANOVA, Rui. *Princípios do processo civil.* Porto Alegre: Livraria do Advogado, 1999.

RAO, Vicente. *Direito e a Vida dos Direitos.* São Paulo: RT, 1991.

RAZ, Joseph. *O conceito de sistema jurídico: uma introdução à teoria dos sistemas jurídicos.* São Paulo: Editora WMF Martins Fontes, 2012.

REALE, Miguel. *Filosofia do Direito.* São Paulo: Saraiva, 2000.

______. *Lições preliminares de direito.* São Paulo: Saraiva, 2005.

______. *Teoria tridimensional do direito.* São Paulo: Saraiva, 2000.

ROCHA, Cármen Lúcia Antunes. *O Direito Constitucional à Jurisdição. In* **As Garantias do Cidadão na Justiça,** Sálvio de Figueiredo Teixeira (coord.). São Paulo: Saraiva, 1993.

______. *O princípio constitucional da função social da propriedade. In*: BACELLAR FILHO, Romeu Felipe; MOTTA, Paulo Roberto Ferreira; CASTRO, Rodrigo Pironti Aguirre de (Coord.). *Direito administrativo contemporâneo*: estudos em memória ao professor Manoel de Oliveira Franco Sobrinho. Belo Horizonte: Fórum, 2004. p. 55-104.

ROCHA, Júlio Cesar de Sá da. *Direito da Saúde. Direito sanitário na perspectiva dos interesses difusos e coletivos.* São Paulo: Atlas S.A., 2011

______. *Função ambiental da cidade*: direito ao meio ambiente urbano ecologicamente equilibrado. São Paulo: J. de Oliveira, 1999.

ROCHA, Sílvio Luís Ferreira da. *Função social da propriedade pública.* São Paulo: Malheiros, 2005.

ROSS, Alf. *Direito e justiça.* São Paulo: Edipro, 2003.

RODRIGUES, Silvio. *Direitos das Coisas.* São Paulo: Saraiva, 2003.

SAMPAIO, Marcos. *O conteúdo essencial dos direitos fundamentais* [Artigos do corpo docente]. Revista do Curso de Direito da UNIFACS Universidade Salvador, Vol. 11-2011, p. 18-35. Editora IOB.

SANTIAGO NINO, Carlos. *Ética y derechos humanos: un ensayo de fundamentación*. Buenos Aires: Astrea, 1989.

SARLET, Ingo Wolfgang. *A eficácia dos direitos fundamentais: uma teoria geral dos direitos fundamentais na perspectiva constitucional*. Porto Alegre: Livraria do Advogado Editora, 2011.

______. *As dimensões da dignidade da pessoa humana: construindo uma compreensão jurídico-constitucional necessária e possível. In* Dimensões da dignidade: ensaios de filosofia do direito e direito constitucional / Béatrice Maurer ... [*et. al.*] org. Ingo Wolfgang Sarlet. Porto Alegre: Livraria do Advogado Editora, 2009.

______. *Dignidade da pessoa humana e direitos fundamentais na Constituição de 1988*. Porto Alegre: Livraria do Advogado Editora, 2009.

SARMENTO, Daniel. *Direitos Fundamentais e Relações Privadas*. Rio de Janeiro, Lúmen Júris, 2004.

SAULE JÚNIOR, Nelson (Coord.). Direito à cidade – trilhas legais para o direito às cidades sustentáveis, São Paulo: Max Limonad, 1999.

SAULE JÚNIOR, Nelson. A Proteção Jurídica da Moradia nos Assentamentos Irregulares. Porto Alegre: Sergio Antônio Fabris, 2004.

______. *Novas Perspectivas do Direito Urbanístico Brasileiro. Ordenamento Constitucional da Política Urbana. Aplicação e Eficácia do Plano Diretor*. Porto alegre: Sergio Antonio Fabris Editor, 1997.

______. *O Tratamento Constitucional do Plano Diretor com instrumento de Política Urbana. In* Direito Urbanístico. Edésio Fernandes (org.). Belo Horizonte: Del Rey. 1998.

SÉGUIN, Elida. **Estatuto da cidade:** *promessa de inclusão social, justiça social*. Rio de Janeiro: Forense, 2002.

SILVA, José Afonso da. Silva. *Aplicabilidade Das Normas Constitucionais*. São Paulo: Malheiros, 2007.

______. *Comentário Contextual à Constituição*. São Paulo: Malheiros, 2007.

______. *Curso de Direito Constitucional Positivo*. São Paulo. Malheiros, 2005.

______. *Direito ambiental constitucional*. São Paulo. Malheiros, 2003.

______. *Direito Constitucional Positivo*. São Paulo. Malheiros, 1998.

______. *Direito Urbanístico Brasileiro*. São Paulo. Malheiros, 2006.

SILVA, de Plácido e. *Vocabulário jurídico. v. IV*. São Paulo: Forense, 1975

______. *Vocabulário jurídico V. III*. Rio de Janeiro: Forense, 1987.

SILVA, Virgílio Afonso da. *A constitucionalização do Direito: os direitos fundamentais nas relações entre particulares*. São Paulo: Malheiros, 2005.

SPANTIGATI, Frederico. *Manual de derecho urbanístico*. Madrid: Montecorvo, 1973.

STRECK, Lenio Luiz; MORAIS, José Luis Bolzan de. *Ciência política & teoria do estado*. Porto Alegre: Livraria do Advogado, 2006

STRECK, Lenio Luiz. *Hermenêutica Jurídica e(m) Crise*. Porto Alegre: Livraria do Advogado, 2011.

______. *Jurisdição Constitucional e Hermenêutica*. Porto Alegre: Livraria do Advogado, 2004.

______. *O que é isto – decido conforme minha consciência?* Porto Alegre: Livraria do Advogado, 2010.

______. *Verdade e Consenso*. São Paulo: Saraiva, 2011.

TAVARES. André Ramos. *Curso de Direito Constitucional*. São Paulo: Saraiva, 2003.

______. *Elementos para uma Teoria Geral dos Princípios na perspectiva constitucional*. In: LEITE, George Salomão (org.). Dos princípios constitucionais: Considerações em torno das normas principiológicas da Constituição. São Paulo: Malheiros, 2003, p. 21-51.

TEIXEIRA, J. H, Meireles. *Curso de Direito Constitucional*. São Paulo: Forense Universitária, 1991, p. 318-319.

TEMER, Michel. *Elementos de Direito Constitucional*. São Paulo: Malheiros, 2006.

TOMÁS DE AQUINO. As virtudes cardeais (ST, Ia IIae, q. 61). In: TOMÁS DE AQUINO. Suma Teológica. São Paulo: Loyola, 2005. v. IV, p. 160-172.

TOURINHO, Arx da Costa. *Temas de direito*. Florianópolis: OAB/SC, 2006.

WARAT, Luís Alberto e PÊPE, Albano Marcos Bastos. *Filosofia do direito: uma introdução crítica*. São Paulo: Moderna, 1996.

WARAT, Luis Alberto e MARTINO, Antônio Anselmo. *Lenguaje y Definición Jurídica*. Buenos Aires: Cooperadora de Derecho y Ciencias Sociales, 1973.

WARAT, Luís Alberto. *A pureza do poder: uma análise crítica da teoria jurídica*. Florianópolis: UFSC, 1983.

WERNER, Patrícia Ulson Pizarro. *Licenças urbanísticas. In* Figueiredo, Guilherme José Purvin de. Temas de direito ambiental e urbanístico. São Paulo: Max Limonad, 1998, p. 301-302.

VILANOVA, Lourival. *As estruturas lógicas e o sistema de direito positivo*. São Paulo: Noeses, 2005.

______. *Causalidade e relação no direito*. São Paulo: RT, 2000.

______. *Escritos jurídicos e filosóficos*. São Paulo: Axis Mundi, 2003. Vol.1 e vol. 2.

VIEHWEG, Theodor. *Tópica e jurisprudência*. Brasília: Editora Universidade de Brasília, 1979.

ZAGREBELSKY, Gustavo. *El Derecho Dúctil. Ley, Derechos y Justicia*. Madrid: Trotta, 1995.

ZOCKUN, Maurício. *Responsabilidade patrimonial do Estado: matriz constitucional, a responsabilidade do Estado por atos legislativos, a obrigatoriedade da prévia indenização e a responsabilidade pessoal do parlamentar.* São Paulo: Malheiros, 2010.

9 788565 057257